LE CONTENTIEUX DE L'ANNULATION AU CONGO

Lovane Lhakhy- Tsamby

LE CONTENTIEUX DE L'ANNULATION AU CONGO

L'Harmattan
Congo-Brazzaville

Du même auteur

La constitution congolaise du 25 octobre 2015 interprétée article par article, L'Harmattan, 2017.

5-7, rue de l'Ecole-Polytechnique, 75005 Paris

http://www.editions-harmattan.fr

ISBN : 978-2-343-15430-5
EAN : 9782343154305

Je dédie ce travail à :

- mon Dieu tout puissant, Créateur des cieux et de la terre qui m'a gardé en vie et en bonne santé, et a permis que ce travail aboutisse ;
- Beverly INIANGA IBARA, ma femme ;
- Disvanel LHAKHY-TSAMBY et Annette Bénie LHAKHY-TSAMBY, mes enfants.

J'adresse mes sentiments de profonde gratitude à :

- Lambert LHAKHY-TSAMBY, mon père :
- Annette OVA, ma mère;
- aux familles TSAMBY et OVA.

J'exprime ma reconnaissance à tous ceux qui, de près ou de loin, m'ont apporté leurs soutien et assistance pour la réalisation de cet ouvrage.

SIGLES ET ABRÉVIATIONS

A.A. : Année africaine (Dakar)
A.F.D.I. : Annuaire français de droit international.
A.J.D.A : Actualité juridique, droit administratif (Paris)
A.T.M. : Annuaire du Tiers-Monde (Paris)
B.A.C.S. : Bulletin des arrêts de la Cour suprême (Brazzaville)
B.C.C. : Bulletin du Conseil constitutionnel (Brazzaville)
C.A.A. : Cour administrative d'appel
C.A.B. : Cour d'appel de Brazzaville
CASS : Cour de cassation
C. aviat. : Code de l'aviation
C. civ : Code civil
C. Cptes. : Cour des comptes
C.E. : Conseil d'État
Chr. : Chronique
Ch.R. : Chambres réunies
C. expr. : Code de l'expropriation pour cause d'utilité publique
CESEDA. : Code de l'entrée et du séjour des étrangers et du droit d'Asile
C.G.C.T : Code général des collectivités territoriales
CG3P : Code général de la propriété des personnes publiques
C .J.À : Code de justice administrative
C.J.C : Cahiers de la jurisprudence congolaise (Brazzaville)
C.J.C.E. : Cour de justice des communautés européennes
C.J.E.G. : Cahiers juridiques de l'Électricité et du Gaz de France (Paris)
C. marchés : Code des marchés publics
C. Patr. : Code du patrimoine

C.PR.CIV.C.A.F : Code de procédure civile, commerciale, administrative et financière.
C.R.D.F. : Cahiers de la recherche sur les droits fondamentaux
C. Route : Code de la route
C. rur : Code rural et de la pêche maritime
C.S.P. : Code de la santé publique
C.S.S. : Code de la sécurité sociale
C.S. : Cour suprême
D. : Recueil Dalloz
D.A. : Droit administratif
EDCE : Études et documents du Conseil d'État
GAJA : Grands arrêts de la jurisprudence administrative
GDCC : Grandes décisions du Conseil Constitutionnel
J.cl.Adm. : Jurisclasseur Administratif
JCP : La semaine juridique (édition générale)
JO : Journal officiel
L.G.D.J. : Librairie générale de droit et de jurisprudence
L.P.F. : Livre des procédures fiscales
N.C.Pen. : Nouveau Code pénal
P.G.D. : Principe général du droit
P.U.F. : Presses universitaires de France
Lebon : Recueil des Décisions du Conseil d'État, du Tribunal des conflits et des jugements des tribunaux administratifs (Recueil Lebon)
Rec. CJCE : Recueil des arrêts de la Cour de justice et du tribunal de première instance de la Communauté européenne
Rev. Adm. : Revue administrative
Rev. Crit. Dip : Revue critique de droit international privé
RDP : Revue de droit public et de la science politique en France et à l'étranger
RFDA : Revue française de droit administratif
RDSS : Revue de droit sanitaire et social
RGDIP : Revue générale de droit international public

RPDA : Revue pratique de droit administratif
RSC : Revue de sciences criminelles
R.J.A.C.S. : Recueil commenté de la jurisprudence administrative de la Cour suprême du Congo (Brazzaville)
R.J.P.I.C. : Revue juridique et politique indépendance et coopération (Paris)
S. : Recueil sirey
SOC. : Chambre sociale de la Cour de cassation
SPA : Service public à caractère administratif
SPIC. : Service public à caractère industriel et commercial
T.C. : Tribunal des conflits
T.G.I. : Tribunal de grande instance de Brazzaville
T.P/C.R. : Tribunal populaire de commune ou de région
T.P/D.A. : Tribunal populaire de district ou d'arrondissement.

INTRODUCTION

Étymologiquement, le contentieux[1] représente tout ce qui est susceptible d'être mis en discussion devant une juridiction[2]. Le contentieux, c'est le litige, la querelle. Lorsqu'il est « administratif », le contentieux recouvre alors l'ensemble des litiges faits à, ou par les institutions administratives et dont le règlement appartient aux juridictions soit autonomes et spécialisées (dualité des ordres de juridictions) soit de droit commun (unité de juridictions). Du fait de l'importance du critère organique en droit administratif, l'une des particularités de ce contentieux est qu'il ne met jamais en face deux (02) personnes physiques, mais au moins toujours une personne morale : soit une des trois catégories de personnes morales de droit public (communes, départements, régions), ou les établissements publics (spéciaux/territoriaux) ; soit une personne morale de droit privé gérant une activité d'intérêt général et mettant en œuvre les prérogatives de puissance publique.

L'annulation[3] peut être définie comme l'anéantissement rétroactif d'un acte juridique, pour inobservation de ses conditions de formation, ayant pour effet soit de dispenser les parties de toute exécution, soit de les obliger à des restitutions réciproques.

Étudier ce contentieux, c'est par ailleurs faire une analyse strictement juridique des structures et procédures juridictionnelles auxquelles il est fait référence en cas de litige administratif. En d'autres termes, il ne sera pas fait

---

[1] LEBRETON (G.), *Droit administratif général*, 6ème édition, Dalloz, 2011, page 463.

[2] LEBRETON (G.), Idem., page 517.

[3] *Lexique des termes juridiques*, Dalloz, Paris, 1988, page 32.

ici mention de l'approche sociologique de ce contentieux tendant à appréhender, par exemple, comment le juge de l'administration subit les influences du politique ou pèse sur la politique[4].

Le contentieux de l'annulation au Congo est traditionnellement entendu comme étant *« l'action juridictionnelle par laquelle tout administré intéressé demande l'annulation d'un acte administratif unilatéral exécutoire pour cause d'illégalité »*[5]. Il n'implique nullement la contestation de l'autorité des agents publics dès lors qu'il ne constitue pas un procès intenté contre l'auteur de l'acte attaqué.

Le contentieux de l'annulation, encore appelé *« recours pour excès de pouvoir », ou « recours en annulation pour excès de pouvoir »*[6] par la doctrine[7] et la jurisprudence[8], doit être distingué du recours administratif (gracieux ou hiérarchique), en ce que celui-ci n'est pas porté devant le juge, mais adressé à l'administration elle-même.

Dans le cadre du recours administratif gracieux, l'administré exige de l'auteur de la décision prétendue illégale qu'il revienne sur elle, en la révoquant afin qu'elle ne produise plus d'effet pour l'avenir, ou en la retirant dans le but de faire disparaître les effets qu'elle a pu déjà produire.

---

[4] BOUMAKANI (B.), « Cours du contentieux administratif », faculté de droit, Maîtrise de droit public, 2007-2008, page 01.

[5] ILOKI (A.), *Le recours pour excès de pouvoir au Congo*, L'Harmattan, Paris, 1ère édition, 2002, Page 17.

[6] ILOKI (A.), *La justice administrative en République du Congo*, Journée du Barreau de Brazzaville, 18-19 janvier 2000, inédit.

[7] AUBY (J-M) et DRAGO (R.), *Droit administratif*, Tome II, n°497-1129, LGDJ, 1962, Page 425.

[8] C.E., 26 novembre 1875, Pariset, GAJA, 18ème édition 2011 ; Dalloz, page 27 ; C.E., 29 mars 1901, Casanova, Dalloz, page 50 ; C.E. Ass., 11 mai 2004, Association AC et autres, GAJA, 18ème édition 2011, Dalloz, Page 112.

En ce qui concerne le recours administratif hiérarchique[9], c'est normalement le supérieur hiérarchique de l'autorité administrative auteur de la décision querellée qui exerce sur celle-ci son contrôle administratif. L'administré peut donc lui demander d'exercer son pouvoir hiérarchique en vue d'annuler l'acte en cause.

Le recours pour excès de pouvoir ou le contentieux de l'annulation est aussi à distinguer du recours de pleine juridiction en tant que par ce dernier, l'administré qui invoque tous moyens qu'il prétend pertinents à la juridiction compétente, lui demande de constater l'existence de sa créance contre l'administration qu'elle qu'en soit la source, ou l'illégalité d'une décision[10].

Le contentieux objectif constitue un des axes de compétence de la chambre administrative de la Cour suprême. Connu à l'origine sous la dénomination de « recours en annulation pour excès de pouvoir »[11], ou de *« recours pour excès de pouvoir »*[12], il a reçu l'appellation de *« recours en annulation »* (articles 405 à 415, loi n°51/83 du 21 avril 1983 portant code de procédure civile, commerciale, administrative et financière)[13] avant d'être de nouveau désigné *« recours en annulation pour excès de pouvoir »* (article 31, loi n°53/83 du 21 avril 1983 portant Code de procédure civile, commerciale,

---

[9] VLACHOS (G), *Droit administratif*, Cours, arrêts : commentaires et sommaires, dissertation, commentaire de lois, table de jurisprudence, 1ère édition, 2000, page 419.

[10] ILOKI (A.), *Le recours pour excès de pouvoir au Congo*, L'Harmattan, Paris, 1ère édition, 2002, Page 18.

[11] Article 02, loi n°4/62 du 20 janvier 1962 portant création de la Cour suprême.

[12] Article 88 de la même loi.

[13] Article 405 à 415, loi N°51/83 du 21 avril 1983 portant Code de procédure civile, commerciale, administrative et financière.

administrative et financière)[14]. Selon l'article 3 de la loi N°17/99 du 15 avril 1999 modifiant et complétant certaines dispositions de la loi N°025/92 du 20 août 1992 et de la loi N°30/94 du 18 octobre 1994 portant organisation et fonctionnement de la Cour suprême, celle-ci se prononce sur les recours pour excès de pouvoir formés contre les décisions émanant des diverses autorités administratives[15].

Ce thème revêt un intérêt théorique et pratique incontestable dans la mesure où il nous permet de cerner les différents mécanismes susceptibles d'annuler un acte administratif entaché d'illégalité.

À plusieurs reprises au cours du XIXème siècle, il a été soutenu que le recours pour excès de pouvoir constituait non un recours juridictionnel mais un recours administratif, le Conseil d'État, ou plutôt le chef de l'État, statuant sur un avis du Conseil dans le système de la justice retenue agissant non comme juge mais comme supérieur hiérarchique. Cette conception dont les auteurs tiraient comme conséquence l'inapplication au recours du délai prévu par le décret du 22 juillet 1806, article 11, n'a pas été retenue par la jurisprudence, et à la fin du XIXème siècle la doctrine a affirmé nettement le caractère juridictionnel du recours pour excès de pouvoir (voir Ducrocq, cours de droit administratif, 7eédition, tome II, p 430 ; Marie, le droit positif et la juridiction administrative, 1903, P-852). Il ne saurait être constaté aujourd'hui que le recours pour excès de pouvoir aboutit à un acte juridictionnel. Son aménagement est celui d'un recours

---

[14] Article 31, loi n°53/83 du 23 avril 1983 portant réorganisation de la justice en République populaire du Congo.

[15] Loi n°17/99 du 15 avril 1999 modifiant et complétant certaines dispositions de la loi n°025/92 du 20 août 1992 et de la loi n°30/94 du 18 octobre 1994 portant organisation et fonctionnement de la Cour suprême.

juridictionnel et, par exemple, l'existence des conditions d'intérêt, de capacité ou de délai ainsi que les obligations et les pouvoirs assignés à la juridiction qui en connaît les différents régimes des recours administratifs. L'idée a été soutenue cependant qu'en dépit de son caractère juridictionnel formel, le recours pour excès de pouvoir, de par certains éléments de son régime, demeurait très proche des recours hiérarchiques avec lesquels il s'était confondu à l'origine.

Exprimée par Jacquelin[16], cette conception a été reprise par DUGUIT[17] qui écrivait à propos de ce recours : « C'est au fond un recours hiérarchique et administratif... Il n'a qu'en la forme les caractères d'un recours juridictionnel, son rôle au fond est différent de celui appartenant au supérieur qui annule l'acte d'un subordonné pour violation d'une loi de forme et de compétence ». De son côté, Hauriou (voir notamment note S. 1917. III. 5, C.E, 4 avril 1914, Gomel et 1er mai 1914, Abbé Didier. *Précis de droit administratif*, 12eéd. pp.404, 438 et 442), tout en ne contestant pas le caractère contentieux de ce recours, a estimé que s'il comportait un contrôle du respect de la légalité du « fond du droit »à caractère juridictionnel, il contenait également des éléments de « police juridique »à propos desquels le juge fait application des règles de discipline administrative et agit comme supérieur hiérarchique. Il en va ainsi dans les ouvertures d'incompétence rationae materiae, d'erreur de fait et surtout de détournement de pouvoir, ce dernier donnant lieu à un contrôle de la moralité administrative[18].

---

16 Jacquelin, *Les principes dominants du contentieux administratif*, 1899, p. 227.

17 DUGUIT (L), *L'État, le droit objectif et la loi positive*, 1901, p. 581 ; voir également : l'État, les gouvernements et les agents, 1901, p. 531.

18 WELTER, *Le contrôle juridictionnel de la moralité administrative*, thèse, Nancy, 1929.

Cette conception a été reprise et étendue par M. Ladreit de Lacharrière[19] dans une intéressante étude. Cet auteur invoque notamment le fait que le Conseil d'État rend ses décisions en appliquant des règles qui ne ressortent ni des textes ni des principes généraux du droit, ou encore de l'autorité absolue du jugement d'annulation qui déroge à la règle générale de l'effet relatif des jugements. Ce point de vue et l'argumentation sur laquelle il s'établit ne paraissent pas devoir être retenus. Le contrôle auquel procède le juge de l'excès de pouvoir à propos du détournement de pouvoir concerne non la moralité administrative mais la légalité dont le but des actes constitue un des éléments. L'autorité absolue des arrêts d'annulation ne saurait non plus être invoquée, car il n'est nullement certain que l'effet relatif puisse être considéré comme le principe[20]. Si le juge fait parfois application à côté des règles écrites, qu'il dégage lui-même d'une manière ou d'une autre, il est possible de considérer que ces règles constituent une catégorie particulière de sources de la légalité. Par ailleurs, le juge se refuse à empiéter sur les attributions de l'administration active en prenant des décisions à sa place ou en prononçant des injonctions.

Il faut reconnaître cependant qu'à certains égards le contrôle du juge de l'excès du pouvoir demeure pénétré d'esprit hiérarchique. En quelques matières, notamment à propos des actes de police, le juge administratif étend son contrôle à la valeur des motifs et plusieurs commissaires du gouvernement n'ont pas dissimulé qu'à cet égard son rôle était très proche de celui d'un supérieur

---

[19] De Lacharrière (L), *Le contrôle hiérarchique de l'administration dans sa forme juridictionnelle*, Thèse, Paris, 1937.
[20] Weil (P), *Les conséquences de l'annulation d'un acte administratif pour excès de pouvoir*, 1952, p. 19 et suivantes

hiérarchique.[21] Il ne s'agit là malgré tout que d'un élément limité qui ne saurait permettre de considérer le recours pour excès de pouvoir comme un recours administratif en la forme juridictionnelle. Le recours pour excès de pouvoir prévu en termes généraux par l'article 32 de l'ordonnance du 31 juillet 1945 (le Conseil d'État « statue souverainement sur les recours pour excès de pouvoir formés contre les actes des diverses autorités administratives ») présente un caractère de droit commun. Il peut être exercé dès lors que les conditions générales de recevabilité sont remplies et il n'est pas besoin d'un texte particulier pour sa mise en jeu.

La jurisprudence qui a dégagé ce principe en a tiré cette conséquence que l'exclusion du recours pour excès de pouvoir en une matière devait être absolument formelle. L'existence de ce recours constituant un principe général du droit[22], il ne pourrait par ailleurs y être dérogé que par un texte législatif.

C'est ainsi par exemple qu'une loi du 23 mai 1943 sur la concession des terres incultes et abandonnées avait prévu que « L'octroi de la concession ne pourrait faire l'objet d'aucun recours administratif ou judiciaire de la part du propriétaire ». Le Conseil d'État n'en a pas moins estimé que cette disposition « n'a pas exclu le recours pour excès de pouvoir contre l'acte de concession, recours qui est ouvert même sans texte contre tout acte administratif et qui a pour effet d'assurer, conformément aux principes généraux du droit, le respect de la légalité ». (C.E-17 février 1950, dame Lamotte, P110, RDP 1951, 479, Concl. Devolve, note Waline). La même solution a été donnée à

---

[21] Chardenet, conclusions S. 19 février 1909, Abbé Olivier, p.181 ; Terssier, conclusions S. 5 avril 1908, Marc, S. 1909. III. 120 ; Corneille, conclusions S. 10 août 1917, Baldy, p. 640.

[22] Jeanneau, *Les principes généreux du droit dans la jurisprudence administrative*, 1954, p. 69.

propos des recours contre des décisions qui selon les textes étaient « sans appel » (CE, 30 avril 1948, Société Dourcet Walder Lejenne, p. 181) ou qui étaient déclarées n'être susceptibles d'aucun recours (CE, 17 avril 1953, Falco et Vidallac, P.175, R.D.P 1953.II.7598, note Vedel ; R. adm. 1953.265, note Liet. Vaux). De même, dans un cas où le législateur avait indiqué qu'un organisme statuait « souverainement », le Conseil d'Etat décide que « l'expression dont a ainsi usé le législateur ne peut être interprétée, en l'absence d'une volonté clairement manifestée par lui, comme excluant la possibilité de former … un recours pour excès de pouvoir (C.E, 17 Mai 1957, Simonet, P.314, D.1957. 581, note Jeanneau. Voir également 16 décembre 1955, époux Deltem P. 592, D.1926.44, Concl. Laurent).

De même, la jurisprudence décide que lorsqu'un recours non dénommé est prévu par un texte, il constitue un recours pour excès de pouvoir dès lors qu'il présente les caractères attachés à cette voie de droit (C.E, 27 octobre 1944, Robineau, S.1945. III. 17, 13 juillet 1951, Société des Houillères de Rochebelle, S. 1951. III. 102). Il peut arriver cependant que le législateur, à propos d'un acte ou d'un litige déterminé, ait expressément prévu et organisé une voie de droit autre que le recours pour excès de pouvoir. L'existence de cette voie de droit et attribut de compétence relative peuvent dans certains cas fonder une exclusion du recours pour excès de pouvoir auquel se voit substituer alors un autre contentieux. Le rattachement de principe d'une catégorie de litiges ou contentieux de pleine juridiction peut résulter d'abord des dispositions des textes prévoyant expressément un tel contentieux[23] ou

[23] Par exemple, la loi du 30 avril 1946 décide que les décisions prises par le préfet ou le ministre des Finances en ce qui concerne l'évaluation des indemnités dues aux propriétaires d'immeubles réquisitionnés au profit des troupes allemandes peuvent faire l'objet

encore déclarant applicables aux recours introduits en ce domaine des règles de procédure particulière à ce contentieux, telle l'exigence du ministère d'avocat. Par ailleurs, la jurisprudence peut également considérer que l'intervention du juge en une certaine matière ne peut s'effectuer qu'au titre du plein contentieux ; il en va ainsi notamment lorsque le juge doit procéder à des appréciations de fait plus larges que celles que comporte le contentieux de l'excès de pouvoir ou lorsque la solution du litige exige de sa part des décisions autres que de simples annulations. Dans les États qui ont opté pour un système d'unité de juridictions, comme le Congo-Brazzaville, il n'y a pas lieu d'instaurer de procédure de règlement des conflits de compétence, puisque l'ensemble du contentieux judiciaire et administratif relève des mêmes juridictions, elles-mêmes intégrées dans une hiérarchie organique unique. On sait cependant que l'unicité des contentieux n'y est cependant pas exclusive d'une certaine différenciation fonctionnelle, au niveau procédural, ainsi que dans la saisine de la chambre compétente de la juridiction intéressée. Ce ne sont pas en effet des règles tout à fait identiques qui s'appliquent aux instances dont a à connaître le juge selon qu'il statue en matière judiciaire ou administrative ; de même, le régime du contentieux de l'excès de pouvoir est partiellement dérogatoire à celui du plein contentieux.

Sous la colonisation, le décret du 22 septembre 1887 conférait aux administrateurs des colonies des attributions judiciaires. Et, à cette époque coexistaient la justice

---

d'un recours pour excès de pouvoir. En l'absence de ce texte, un litige n'aurait pu donner lieu qu'à un recours de pleine juridiction. Ainsi, le Conseil d'État l'interprète strictement et admet par exemple le caractère de pleine juridiction d'un litige concernant l'implantation sur la somme restant due des sommes déjà versées aux propriétaires (C.E, 5 octobre 1960, Compagnie d'assurances générales, A. J.1961.II.25, note J.M.G.).

française et la justice indigène (décrets du 10 novembre 1903[24] portant création de ces tribunaux et du 22 mars 1924[25] réglementant leur organisation, successivement modifiés par les décrets du 29 avril 1927[26] et du 29 mai 1936[27]. C'est en 1946 que les tribunaux indigènes étaient devenus les tribunaux de droit local).

La justice administrative résulte de la loi N°31/59 du 30 juin 1959 relative au contentieux administratif. En créant le tribunal administratif à Brazzaville en tant que juge en premier ressort et sous réserve d'appel devant le Conseil d'État, le législateur a simplement transposé au Congo les éléments normatifs et institutionnels de l'ordonnancement juridique métropolitain.

Cette période marque donc la première étape du dualisme juridictionnel : l'ordre de juridictions judiciaires à côté de l'ordre de juridictions administratives. Mais, l'organisation judiciaire issue de la période postcoloniale ignore la justice administrative.

Aux termes de l'article 3 de la loi n°6-61 du 11 janvier 1961 fixant l'organisation judiciaire[28], la justice est rendue au nom du peuple congolais par la Cour de cassation (Formation spéciale en France), la Cour d'appel, la Cour criminelle, les tribunaux de grande instance, les tribunaux d'instance et les tribunaux de travail.

Toutefois, après l'éclipse, c'est encore la reconnaissance formelle de la justice administrative dans la loi n°6-62 du 20 janvier 1962 relative à la compétence de la Cour d'appel et des tribunaux de grande instance et à

---

[24] Décret du 10 novembre 1903 relatif à la création des juridictions françaises et indigènes.

[25] Décret du 22 mars 1924 relatif à l'organisation des juridictions françaises et indigènes.

[26] Décret du 29 avril 1927 et du 29 mai 1936 modifiant ceux du 10 novembre 1903 et du 22 mars 1924.

[27] Loi n°31/59 du janvier 1961 relative au contentieux administratif.

[28] Loi n°6-61 du 11 janvier 1961 relative à l'organisation judiciaire.

la procédure suivie devant ces juridictions en matière administratives[29].

Les tribunaux de grande instance deviennent en effet, suivant les dispositions de l'article 1er de la loi n°6-62 du 20 janvier 1962 précitée, juge de droit commun en première instance en toutes matières, sous réserve des compétences d'exception de la Cour suprême, de la Cour d'appel, de la cour criminelle, des tribunaux de travail, des tribunaux d'instance, et des organismes à caractère juridictionnel.

À ce titre, et à l'exclusion de leurs sections, les tribunaux de grande instance étaient notamment compétents dans les domaines suivants : les instances tendant à déclarer débitrices les collectivités publiques ; le contentieux des contributions perçues par les collectivités publiques ; les litiges portant sur les avantages pécuniaires ou statutaires reconnus aux fonctionnaires et agents des diverses administrations ; les actions intentées par les administrations publiques contre les particuliers.

C'est, ainsi qu'on le constate, l'unité juridictionnelle prévoit que la justice administrative est rendue par les juridictions de l'ordre judiciaire. Le recours en annulation pour excès de pouvoir naît avec la création de la Cour suprême compétente également pour se prononcer sur les pourvois en cassation pour incompétence, violation de la loi ou de la coutume (article 2 et 3, loi n°4-62 du 20 janvier 1962 portant création de la Cour suprême)[30].

La moisson est en effet à cet égard bien maigre puisque l'on signale même qu'entre 1962 et 1984, soit pendant vingt-deux ans, la chambre administrative de la

---

[29] Loi n°6-62 du 20 janvier 1962 relative à la compétence de la Cour d'appel et des Tribunaux de grande instance et à la procédure suivie devant ces juridictions en matière administrative.

[30] Loi n°4-62 du 20 janvier 1962 portant création de la Cour suprême.

Cour suprême n'a pu rendre que seize (16) arrêts[31]. Ce bilan est quasiment confirmé dans une autre étude où il est indiqué que de 1962 à 1982, et donc en vingt ans, l'activité juridictionnelle de cette chambre s'est limitée à la connaissance de dix-sept affaires dont treize ont porté sur le recours pour excès de pouvoir et quatre ont concerné le pourvoi en cassation (cf. Jean-Marie BRETON…, *« La jurisprudence administrative de la Cour suprême de la République populaire du Congo »*[32]. De 2010 à 2013, la chambre administrative de la Cour suprême n'a rendu que vingt-quatre (24) arrêts.

C'est bien l'illustration de ce que la jurisprudence en tant que source prétorienne du droit administratif dans le domaine considéré du recours pour excès de pouvoir occupe jusqu'alors une place étriquée au Congo, même si le juge paraît, à ses risques et périls peut-être, actuellement plus hardi qu'il ne l'était à l'époque de cet aperçu statistique.

Certes, des réformes et évolutions n'ont pas manqué de faire jour de sorte qu'avec le mouvement démocratique issu du libéralisme politique, un nouveau regard du statut de la magistrature est apparu. Le concept de « pouvoir judiciaire » introduit dans la première constitution pionnière du multipartisme du 15 mars 1992 a semblé libérer les esprits tant du côté de l'administration que de celui des juges. Cette décrispation a été relativement bénéfique à l'évolution du droit administratif dont l'application par les juridictions et notamment la Cour suprême s'est révélée plus active, voire prospère.

---

[31] Cf. Jean-Marie BRETON…, *Droit public congolais,* Economica 1987, p. 175.

[32] Les Cours suprêmes en Afrique, III, la jurisprudence administrative, Gérard CONAC et Jean de GAUDUSSON, Economica 1988, pp.70-71.

Le contrôle de la légalité des actes de l'administration est en effet devenu plus audacieux au rythme des réfections et ajouts commandés par les réformes législatives dans les domaines administratif et judiciaire, notamment par le renforcement des pouvoirs des magistrats.

En effet, la soumission de l'État au droit est aujourd'hui exigée par les institutions financières internationales pour accorder leur aide au développement des États du Tiers-monde. Chaque Etat se trouve donc placé dans l'obligation de se conformer non seulement à sa propre législation, au sens le plus large de ce terme, mais également aux grands principes communément admis qui régissent la vie administrative des nations.

De ce point de vue, le contrôle juridictionnel des décisions des autorités administratives s'impose comme une nécessité incontournable. Il est confié par le législateur à une institution judiciaire supérieure, la Cour suprême, qui l'exerce par le biais de sa chambre administrative au moyen du recours pour excès de pouvoir. Aussi doit-on le considérer comme un instrument qui empêche que l'administration apparaisse comme le lieu où sévit l'illégalité, ou encore le refuge de la vengeance dans lequel s'abriteraient les règlements de comptes dont seraient auteurs les autorités administratives qui disposent légalement du pouvoir de décider unilatéralement.

Mais, l'annulation d'une décision illégale prise par l'administration contre le citoyen apparaît encore comme une gageure, un acte quasi exceptionnel de bravoure du juge en considération de l'état d'esprit collectif qui dénote la méfiance permanente à l'égard de l'administration envers laquelle subsistent des séquelles d'assujettissement liées pendant une longue période à l'inféodation de la justice à l'administration, ainsi que des velléités de soumission quasiment permanente à celle-ci.

Certes, des progrès sont perceptibles dans l'accomplissement de la mission du magistrat dans ce sens. Toutefois, l'œuvre jurisprudentielle qui paraît timide au regard des solutions attendues est aujourd'hui relativement louable comparativement au passé, en dépit du manque de spécialisation des magistrats qui siègent en matière administrative, lesquels sont tous issus du moule judiciaire.

Nonobstant le volontarisme avéré de l'administration de se soumettre au droit, une partie, bien que limitée de l'action administrative, doit rester étrangère au droit et donc échapper au juge, particulièrement dans les domaines du pouvoir discrétionnaire, des circonstances exceptionnelles et des actes de gouvernement. Le recours pour excès de pouvoir ne saurait donc les concerner.

L'ordre unique de juridiction judiciaire est maintenu dans la loi n°53/83 du 21 avril 1983 portant réorganisation de la justice en République populaire du Congo. Le tribunal populaire de district ou d'arrondissement qui se substitue au tribunal de grande instance est juge de droit commun en premier ressort en matière administrative, et au plan contentieux, il est, au cours des instances dont il est saisi, compétent pour interpréter les décisions des diverses autorités administratives et apprécier leur régularité juridique, à la demande de l'une des parties. Mais il ne peut en prononcer l'annulation qui est de la compétence de la Cour suprême (article 44, loi n°53/83 du 21 avril 1983 précitée).

C'est finalement avec l'adoption du pluralisme politique que la nouvelle organisation du pouvoir judiciaire a ressorti de ses cendres le tribunal administratif (loi n°022/92 du 20 août 1992 portant organisation du pouvoir judiciaire)[33]. L'article 1er de la loi n°022/92 du 20 août 1992 a innové en insérant le tribunal administratif sur la liste des juridictions compétentes pour rendre la justice au nom du peuple congolais : la Cour suprême, la Cour des comptes, les Cours d'appel, les tribunaux de grande instance, les tribunaux administratifs, les tribunaux de commerce, les tribunaux d'instance, les tribunaux de travail, les tribunaux militaires.

Ce thème se propose d'atteindre quatre objectifs : apporter une réponse aux interrogations relatives au contentieux de l'annulation; faire connaître les solutions consacrées par le droit administratif congolais sur le sort réservé par la Cour suprême aux décisions administratives entachées d'illégalité ; informer les administrés ou plus généralement les citoyens sur les possibilités qui leur sont proposées par le droit administratif pour sauvegarder leurs droits méconnus par l'administration ; sensibiliser les autorités administratives sur l'obligation qui leur incombe de conformer leurs décisions à la loi.

À leur égard, ce sujet recèle donc une vertu éducative certaine dans la mesure où la plus haute juridiction nationale procède au contrôle juridictionnel de l'activité de l'administration. Comparativement à l'état de la jurisprudence antérieure, l'on relèvera la relative densité des décisions administratives récentes portant sur la matière étudiée. Leur domaine est varié car elles concernent aussi bien les décrets, les arrêtés, les circulaires, que les notes de service et autres types de décisions comportant diverses dénominations dont on ne saurait épuiser l'énumération.

Les références aux décisions de la Cour suprême se rapportent davantage à celles qui sont intervenues au cours de la période-post conflit, en raison de ce que les

---

[33] Loi n°022/92 du 20 août 1992 portant organisation du pouvoir judiciaire.

événements sociologiquement dramatiques survenus au Congo n'ont pas laissé subsister la documentation dans le domaine concerné. D'où l'importance considérable de cette étude[34].

La problématique soulevée par ce thème est de savoir : le contrôle juridictionnel des décisions des autorités administratives garantit-il les droits des citoyens ?

Ainsi, pour cerner les contours de ce travail, objet de notre réflexion, force est d'examiner successivement le contentieux de l'annulation : *un contentieux relativement bien organisé* (première partie) ; puis, *les problèmes pratiques posés par le contentieux de l'annulation* (deuxième partie).

---

[34] Iloki (A), op.cit., p. 9.

PREMIÈRE PARTIE
UN CONTENTIEUX RELATIVEMENT BIEN ORGANISÉ

Vu sous l'angle de la sauvegarde de la légalité, dans le cadre de la recherche de la primauté à reconnaître à la construction de l'État de droit, le recours pour excès de pouvoir est un recours d'intérêt général en ce qu'il mérite d'être considéré comme un bien mis à la disposition de tous.

Depuis son institution par la loi n°1/62 du 20 janvier 1962 portant création de la Cour suprême, le contentieux de l'annulation est soumis au même régime que le pourvoi en cassation nonobstant leur différence de nature. C'est ainsi que le contentieux de l'annulation au Congo se caractérise, d'une part, par la procédure administrative contentieuse rigide (Chapitre 1), et d'autre part par le renforcement de la protection des droits et libertés fondamentaux (Chapitre 2)

CHAPITRE PREMIER
UNE PROCÉDURE ADMINISTRATIVE CONTENTIEUSE RIGIDE

« La procédure administrative contentieuse est l'ensemble des règles de procédure qui régissent la marche du procès administratif. »[35]

Cette procédure est dite rigide parce qu'elle est inflexible, elle ne se plie pas. L'inobservation de cette procédure entraîne l'irrecevabilité de la requête.

Écrite, inquisitoriale[36], menée par le juge, la procédure administrative contentieuse se différencie de la procédure civile, de type accusatoire[37] où la marche du procès est menée par les parties. Des règles spécifiques se rencontrent, inspirées de l'efficacité de l'action administrative : décision préalable, brièveté des décisions de recours[38], effet non suspensif, dont la rigueur peut être atténuée par l'intervention des mesures d'urgence : référé[39] et surtout sursis à exécution. Au cours de l'instruction, le juge joue un rôle actif dans la recherche des preuves, pouvant contraindre l'administration à fournir les motifs de ses actes. Quant à son excessive réserve à l'égard de l'administration pour la contraindre à exécuter les décisions de justice, elle cède peu à peu du terrain : loi du

---

[35] LEBRETON (G), *Droit administratif général*, 6e édition 2011, Dalloz, p. 201.

[36] Morand-DEVILLER (J), *Cours de droit administratif. Cours, thème de réflexion, commentaires d'arrêt avec corrigés* Montchretien, E.J.A 1997, p. 655.

[37] Morand-DEVILLER (J), op.cit.

[38] LEBRETON (G), *Droit administratif général*, 6e édition 2011, Dalloz, p. 517.

[39] Morand-DEVILLER (J), op. cit.

16 juillet 1980 et surtout loi du 8 février 1995 donnant enfin au juge des pouvoirs d'injonction.

Selon la classification la plus traditionnelle, les recours contentieux se répartissent en quatre catégories : pleine juridiction, annulation, interprétation et appréciation de légalité, répression[40]. Le contentieux le plus original est le recours pour excès de pouvoir, procès fait à un acte, moyen le plus énergique et le plus démocratique[41] de défense des administrés contre l'arbitraire et l'illégalité. Très souvent, l'intérêt à agir étant largement reconnu, peu formaliste et peu coûteux[42], il permet un contrôle rigoureux des actes de l'administration, grâce au développement et au perfectionnement des moyens d'annulation : incompétence, vice de forme ou de procédure, détournement de pouvoir, violation de la loi.[43] Par l'examen de plus en plus serré des motifs donnés aux actes, le juge a renforcé son contrôle, créant de nouvelles méthodes d'investigation pour cerner le domaine où les « ruses »[44] de l'administration se manifestent le plus subtilement : celui du pouvoir discrétionnaire.[45]

Par principe, l'action administrative est subordonnée au contrôle judiciaire. En effet, dans un État de droit, la nécessité de contrôler les actes et les décisions pris par les personnes publiques s'impose, en ce sens que l'action

---

[40] VLACHOS (G), *Droit administratif. Cours. Arrêts: commentaires et sommaires, dissertation, commentaire de lois, table de jurisprudence*, 1ère édition 2000, p. 419

[41] Morand-DEVILLER (J), op. cit.

[42] Morand-DEVILLER (J), op. cit.

[43] MOUDOUDOU (P), *Droit administratif congolais*, L'Harmattan, 2003, p.108.

[44] Morand-DEVILLER (J), précité

[45]- Classification opérée parmi les pouvoirs de l'administration par référence à la plus ou moins grande liberté qui lui est reconnue d'apprécier l'opportunité de la mesure à prendre.

administrative n'est pas sans conséquences sur les droits et libertés des administrés.

Depuis son institution par la loi n°1/62 du 20 janvier 1962 portant création de la Cour suprême, le recours pour excès de pouvoir en cassation nonobstant leur différence de nature[46].

C'est ainsi que nous analyserons successivement *les éléments constituant cette procédure* (section 1), puis *l'obligation de constituer avocat* (section 2).

Section1 : Les éléments constituant cette procédure

L'introduction de la requête auprès du greffe de la juridiction déclenche la procédure juridictionnelle. La requête entraîne la saisie du juge sur la totalité des points faisant l'objet du litige.

Le Code de procédure civile, commerciale, administrative et financière précise le cadre et les limites de la compétence du juge. Il est, selon la loi, tenu de statuer « dans les limites du litige, telles qu'elles sont fixées par les parties »[47].

Il doit être clairement entendu qu'en usant de ce recours, le requérant soumet à l'appréciation de la chambre administrative de la Cour suprême des moyens d'annulation tirés de la violation ou des principes généraux du droit pour solliciter l'annulation de la décision, prétendue illégale, d'une autorité administrative.[48]

Ainsi, pour que cette procédure soit effective, il faut examiner respectivement les conditions de recevabilité de

---

[46] ILOKI (A), *Le recours pour excès de pouvoir, au Congo*, 1ère édition 2002, l-harmattan, P.33.

[47] Article 143 de la loi 51/83 du 21 avril 1983 portant CPCCAF

[48] ILOKI (A), *Le recours pour excès de pouvoir au Congo*, 1ère édition 2002, l'Harmattan, p.29

la requête (paragraphe 1), puis l'obligation de constituer avocat (paragraphe 2).

Paragraphe 1 : Les conditions de recevabilité de la requête

Certaines conditions précises sont exigées, pour qu'une requête soit jugée recevable : elle doit être précédée d'un recours administratif préalable, être intentée dans les délais prescrits, tenir compte de la règle de l'exception de recours parallèle, le requérant doit justifier d'un intérêt et d'une capacité pour agir.

Selon les articles 406 à 409 du C.P.C.C.A.F., le recours contentieux doit être intenté dans les délais de deux mois; ce délai court, pour les décisions réglementaires, du jour de leur publication, pour les décisions individuelles, du jour de leur notification. Et, en cas de silence gardé pendant quatre mois sur une réclamation par l'autorité administrative compétente (ce silence valant décisions de rejet), les délais de recours commencent à courir à l'expiration de cette période. Toutefois, avant de se pourvoir en annulation d'une décision administrative, les intéressés peuvent présenter, dans le délai de deux mois, un recours administratif gracieux ou hiérarchique tendant à faire rapporter ladite décision. En réalité cette formalité est obligatoire, puisque l'article 397 du C.P.C.C.A.F. dispose que : *« toute action ne peut être portée en justice si elle n'a pas été précédée d'un recours gracieux ou hiérarchique, ou d'une demande préalable ».* Le législateur a ainsi entendu soumettre le contentieux subjectif à celle-ci (y compris le contentieux des travaux et marchés publics contrairement au droit français. Mais, le juge administratif a dit le contraire : « s'agissant du recours gracieux qui n'a pas été engagé en l'espèce, qu'il suffit de constater, pour ne pas retenir ce fait comme cause d'irrecevabilité, que ledit recours gracieux n'a qu'un caractère facultatif » ; que l'article 410 du C.P.C.C.A.F dispose en effet : « avant de se pourvoir en annulation les intéressés peuvent présenter un recours administratif hiérarchique ». Le délai de deux mois est également exigé pour se pourvoir en cassation, à compter de la notification de la décision. Le délai était de trois mois sous la loi du 20 janvier 1962. Il est ouvert contre toute décision juridictionnelle rendue en dernier ressort, le pouvoir en cassation ne peut être formé que sur l'un des moyens suivants :

- Violation des formes substantielles de la procédure :
- Défaut, insuffisance ou contrariété des motifs ;
- Violation de la loi ou de la coutume applicable au litige ;
- Contrariété entre deux décisions définitives[49].

Une contradiction est à noter ici : en même temps que le législateur abolit les tribunaux coutumiers en 1983, il affirme que la coutume reste applicable dans le contentieux administratif. Or, il n'existe pas, à notre connaissance, de coutume administrative au Congo, sauf à tenir compte des pratiques coloniales (au demeurant moins respectueuses des droits humains). Mais, s'agissant de l'appel, il doit être formé dans le délai d'un mois par les parties en procès ou par le ministère public[50]. La chambre administrative de la Cour suprême a toujours considéré les délais des recours comme impératifs, à peine d'irrecevabilité des requêtes[51]. À défaut de notification ou de publication, la requête est recevable à tout moment, et, en cas de recours gracieux, la décision de rejet (explicite ou implicite) de l'administration fait courir le délai du

[49] Article 97 du C.P.C.C.A.F.

[50] Article 135 du C.P.C.C.A.F ; cf. également : C.S Ch. Adm. 20 Mai 1977 KAYOULOUD.

[51] Article 66 du C.P.C.C.A.F.

recours contentieux. Il faut néanmoins signaler que dans l'arrêt BOUBOUTOU-MBEMBA du 23 avril 1982, la haute juridiction a jugé, à tort, le recours irrecevable parce que considéré comme tardif, alors qu'en réalité le texte attaqué n'a jamais été publié. Ce caractère impératif s'impose également à l'exercice du pourvoi en cassation ; mais le procureur général près la Cour suprême n'est pas soumis à ces règles de délai lorsqu'il exerce un pourvoi en cassation dans l'intérêt de la loi : *« en toutes matières, le procureur général près la Cour suprême peut se pourvoir soit sur ordre du ministre de la Justice, sans avoir à observer le délai du pourvoi mais seulement dans l'intérêt de la loi »*[52].

Quant à l'exception d'illégalité (ou recours en appréciation de validité, parfois à tort ainsi qualifié par le juge congolais) elle n'est, à l'inverse du recours pour excès de pouvoir, enfermée dans aucune condition de délai susceptible d'entraîner la forclusion du plaideur. L'article 403 du C.P.C.C.A.F indique que : « la légalité des actes administratifs ne constitue jamais une question préjudicielle de sorte que les juridictions, saisies d'une exception d'illégalité au cours d'une instance, ont compétence pour apprécier et interpréter la légalité des actes administratifs versés aux débats ». Il précise que les juridictions *« ne peuvent, cependant, annuler un acte administratif illégal ni même s'opposer à son exécution. Elles se bornent à écarter son application dans les litiges qui leur sont soumis ».*

La règle du recours administratif préalable est prévue par l'article 397 du C.P.C.C.A.F ainsi qu'on l'a dit. Elle s'éloigne donc du droit français dont on sait qu'il retient la règle de la décision administrative préalable : ces concepts n'ont ni la même signification ni la même portée. Ce recours présente un caractère obligatoire, quels que soient

---

[52] C.S. Ch. Adm. 20 février 1964, GOULOUBI

l'objet ou la nature de la requête. Selon les termes de l'article 397, il semble contestable de dire que le droit congolais ne rend cette formalité obligatoire qu'au plein contentieux, et lui reconnaissant un caractère simplement facultatif dans celui de l'excès de pouvoir. Cette formalité présente un avantage : l'administration et l'administré peuvent transiger, s'agissant spécialement du recours de plein contentieux[53].

L'expression de recours parallèle est prévue par l'article 406 du C.P.C.C.A.F., tendant à conférer au recours pour excès de pouvoir le caractère "d'ultima ratio", seulement ouvert au plaideur après épuisement de toute autre procédure juridictionnelle de nature à lui permettre d'obtenir satisfaction et de faire valoir ses droits. Ainsi dans l'espèce SOMETIMA, le juge constate : *« qu'aucun recours parallèle de pleine juridiction n'est mis d'autre part par la loi à la disposition de la SOMETIMA »* ; et, dans l'affaire NIAMANKESSI et autres, la Cour suprême juge : *« s'agissant des prescriptions de l'article 406 du C.P.C.C.A.F. exigeant, pour être recevable, que le recours en annulation engagé soit le seul possible, il y a lieu de constater que c'est bien le cas, car l'acte N°33-91 du 18 juin 1991 de la conférence nationale souveraine, en ordonnant la reconstitution des carrières et la réintégration dans les services actifs de leurs corps d'origine des militaires épurés du fait de l'intolérance politique depuis 1963, a fermé, en même temps en ce qui les concerne, la voie du plein contentieux par le fait d'avoir décidé, en son article 4, que lesdites reconstitutions des carrières n'auront aucun effet financier ; qu'il s'agit ici d'une exception au principe général de la réparation intégrale des préjudices »*[54].

---

[53] Article 397 du C.P.C.C.A.F.

[54] C. S., Ch. Adm., 22 décembre 1989, MALONGA.

C'est à partir de 1974 que la Cour suprême a commencé à examiner, systématiquement, les recours pour excès de pouvoir, l'éventail complet des conditions de forme et de fond auxquelles la requête est soumise, au nombre desquelles figure l'intérêt à agir du requérant. Dans l'arrêt Sometima précité, la Cour suprême dit : *« Attendu que la Sometima, à laquelle la décision attaquée fait grief en plaçant sous séquestre l'ensemble de ses biens a le plus grand intérêt à l'annulation de ladite décision »*. Dans l'affaire Baze du 17 décembre 1976, elle constate : *« Attendu que le requérant a intérêt à attaquer en annulation la décision (...) qui lui fait grief, puisqu'elle (...) le prive de son droit d'exercer son activité professionnelle de comptable au Congo »*. Par contre, dans l'affaire Bouboutou M'bemba de 1982, elle rejette la requête puisque ce dernier *« ne justifie pas d'un intérêt direct à l'annulation du décret (...) en ce qu'il n'établit pas que ce décret lui porte directement préjudice »*. Et dans l'espèce Bod... et autres, après avoir constaté que la défense des intérêts de la profession d'avocat est dévolue par l'article 8 de la loi n°026-92 du 20 août 1992 portant organisation de la profession d'avocat à la compétence exclusive du Conseil de l'ordre national des avocats, elle juge : *« que dans ces conditions, le barreau de Brazzaville ne saurait subir aucun grief du fait de l'admission au stage d'un certain nombre d'avocats... qu'il en résulte que le barreau de Brazzaville ne possède ni qualité, ni intérêt pour ester en justice au sens de l'article 481 du C.P.C.C.A.F »*.

La capacité à agir ne présente pas de particularité par rapport au droit français, s'agissant notamment des personnes physiques et des personnes morales de droit privé.

S'agissant des personnes morales de droit public, par contre, leur représentation en justice est organisée par la loi. Aux termes de l'article 396 du C.P.C.C.A.F. *« sont assignés tant en défense qu'en intervention forcée : l'État en la personne du garde des Sceaux, ministre de la Justice, en ses bureaux ; les établissements publics de toute nature en la personne de leur représentant légal, en ses bureaux ; les communes en la personne du maire, au siège de la municipalité ou à défaut à son domicile ; les autres collectivités publiques en la personne de leur représentant légal ».* Et *« lorsque l'administration est demanderesse, la requête introductive d'instance est signée du ministre compétent ou, s'il s'agit d'un établissement public ou d'une collectivité publique, de son représentant légal ».* On constate tout d'abord que l'État n'est pas représenté par la ou les mêmes autorités suivant qu'il agit en défense, en intervention ou qu'il est demandeur. Mais en pratique tout le contentieux de l'Etat est défendu par le ministre de la Justice : dans l'esprit des agents de l'État, des autorités politiques et des administrés, le ministre de la Justice est le (seul) représentant légal de l'État devant les tribunaux. On note ensuite que, contrairement au système juridique français, le préfet ne dispose d'aucune compétence en la matière : il y a donc une centralisation excessive du contentieux de l'État. Rappelons qu'en droit français, l'État est en principe représenté, devant les juridictions administratives, par le ministre intéressé ; et devant les juridictions judiciaires par des agents du ministère de l'Économie et des Finances : Agent judiciaire du trésor, directeurs généraux des douanes et des impôts, etc. Au niveau local, il est représenté par le préfet.

Par ailleurs, l'article 203 du C.P.C.C.A.F prescrit que les causes qui concernent l'État, le domaine des collectivités locales, les établissements publics, les sociétés d'économie mixte sont obligatoirement communiquées au ministère public. Cette disposition a un intérêt certain puisque l'article 135 du même code prévoit qu'en toutes matières, le procureur général près la Cour suprême peut se pourvoir, soit d'office, soit sur ordre du garde des Sceaux, ministre de la Justice, sans avoir à observer le délai du pourvoi, mais seulement dans l'intérêt de la loi, tel qu'on l'a déjà dit.

Enfin, le juge administratif vérifie systématiquement, s'agissant d'une personne morale de droit privé, que le requérant a été autorisé à agir en justice par organe délibérant : en l'espèce, l'ordre national des avocats reprochait au bâtonnier du barreau de Brazzaville d'avoir esté en justice sans autorisation du Conseil du barreau (organe délibérant) ; après avoir qualifié l'ordre national des avocats d'organisme de droit privé du fait de la loi du 20 août 1992 portant organisation de la profession d'avocat, il constate : *« que le Conseil du barreau dispose, entre autres attributions que lui confère l'article 18 alinéa 9 de cette loi, celle d'autoriser le bâtonnier à ester en justice ; qu'en agissant en justice alors qu'aucune autorisation ne lui était concédée à cet effet par le Conseil du barreau ainsi que cela résulte de la procédure, le bâtonnier n'a pas exercé son action dans les conditions spécifiées à l'article 10 alinéa 9 de la loi du 20 août 1992 sus-rappelées ».*

Dans le contentieux de l'excès de pouvoir spécialement, les plaideurs fondent généralement leurs requêtes sur des moyens qui correspondent aux cas d'ouverture classique du recours pour excès de pouvoir : incompétence, violation de la loi, détournement de pouvoir, vice de forme et de procédure. Dans l'affaire Koffi Améga[55], le juge constate : *«Qu'attendu qu'il n'apparaît pas que la notion de besoin de servir ait été détournée de son sens normal à l'occasion de l'intervention de l'arrêt susvisé ».* Dans l'espèce

[54] C.S Ch. Adm. 22 octobre 1965, Koffi Améga.

Nzonza[56], il a également constaté : *« Qu'il s'ensuit que ne peut être retenu le moyen tiré pour le requérant de ce que la sanction de mise en retraite d'office est fortement disproportionnée par rapport aux griefs retenus ».* Le déroulement de l'instance ne présente pas de particularité majeure. Mais des observations peuvent être faites à propos du sursis à exécution. Dument prévu par le législateur, son octroi fait l'objet de conditions limitatives spécifiques qui en subordonnent le prononcé à une double exigence. En effet, les articles 113 et 401 du C.P.C.C.A.F. disposent respectivement : *« Toutefois, la cour suprême, saisie à ses fins par simple requête du demandeur peut, avant de statuer sur le pourvoi, ordonner qu'il sera sursis à l'exécution de l'arrêt ou du jugement attaqué lorsque cette exécution est susceptible d'entraîner un préjudice irréparable ».* S'agissant du sursis à exécution des décisions administratives, il peut être demandé au juge qui peut l'accorder si l'exécution apparaît de nature à entraîner un préjudice irréparable (article 402 du C.P.C.C.A.F.) et si les moyens évoqués par le requérant sont sérieux.

Paragraphe 2 : L'obligation de constituer avocat

La procédure de mise en œuvre du contentieux de l'annulation au Congo ne présente pas d'autonomie très prononcée par rapport aux règles prévues pour gouverner le pourvoi en cassation. Ainsi, selon les dispositions de l'article 45 de la loi n°1/62 du 20 janvier 1962 portant création de la Cour suprême, les pourvois en cassation et les recours en annulation étaient formés par une requête écrite et signée d'un avocat défendeur ou par le ministre compétent agissant au nom de l'État.

La réforme intervenue par la loi n°51/83 du 21 avril 1983 portant Code de procédure civile, commerciale,

---

[56] C.S Ch. Adm. 22 octobre 1971 Nzonza.

administrative et financière ne s'est pas fondamentalement éloignée de cette solution.

Le mutisme du législateur sur l'organisation d'une procédure spéciale réservée à l'introduction du recours pour excès de pouvoir renvoie à l'observation de la procédure générale prévue en ce qui concerne l'introduction du pourvoi. Aux termes de l'article 105 de la loi susmentionnée, le pourvoi est formé, comme dans la législation précédente, par requête, écrite et signée, déposée au greffe de la Cour suprême, sauf si le requérant ne sait ni lire, ni écrire.

Peut-on alors imaginer que le requérant, qui ne savait ni lire ni écrire, pouvait néanmoins exercer son recours en annulation par simple déclaration au greffe de la Cour suprême comme d'ailleurs cela était prévu au sujet des procédures devant les juridictions inférieures où les parties pouvaient agir et se défendre elles-mêmes ou par mandataire verbalement ou sur mémoire[57].

Cela est improbable d'autant plus que la Cour suprême exerce son activité juridictionnelle en la matière par l'appréciation des moyens de droit invoqués par les parties à l'instance.

Contrairement au droit antérieur, le ministère d'avocat n'était plus obligatoire en toutes matières et donc y compris la matière administrative et plus spécifiquement le recours en annulation puisqu'il est clairement indiqué à l'article 395[58] que la procédure administrative obéit aux mêmes règles que celles prévues pour régir les autres domaines du code, autrement dit la procédure civile, commerciale et financière.

Avant la modification de l'organisation judiciaire, le ministère d'avocat est rendu obligatoire devant la Cour suprême en toutes matières. L'article 2 de la loi n° 19-99

---

[57] Article 4,32 et 89 de la loi susmentionnée.

[58] Article 395 du C.P.C.C.A.F.

du 15 août 1999 modifiant et complétant certaines dispositions de la loi n°022-92 du 20 août 1992 portant organisation du pouvoir judiciaire en République du Congo dispose : « Les citoyens Congolais sont égaux devant la loi et devant les juridictions. Ils peuvent agir et se défendre eux-mêmes devant toutes les juridictions à l'exception de la Cour suprême ».

Selon la récente jurisprudence de la Cour suprême qui interprète l'article 2 de la loi n°022/92 du 20 août 1992 portant organisation du pouvoir judiciaire en République du Congo, la partie requérante qui saisit la chambre administrative du recours pour excès de pouvoir en personne et donc sans être représentée par un avocat est irrecevable dans son action en annulation de l'acte administratif en cause[59]: « Sur la recevabilité en la forme du recours en annulation ; attendu que le recours en annulation a été rédigé et signé par monsieur M … en personne , se privant du ministère d'avocat alors que l'article 2 de la loi n°022/92 du 20 août 1992 portant organisation du pouvoir judiciaire en République du Congo énonce que les citoyens congolais peuvent agir et se défendre eux-mêmes, verbalement ou sur mémoire devant toutes les juridictions à l'exception de la Cour suprême ;

Qu'ainsi, le ministère d'avocat étant rendu obligatoire devant la Cour suprême, le recours introduit sous l'empire de la loi nouvelle est irrecevable »[60].

Plusieurs arrêts de cette chambre rédigés dans des termes quasiment identiques sont récemment rendus dans le sens de la réaffirmation de l'obligation du ministère d'avocat devant la plus haute juridiction nationale (Cf. notamment affaire B… C/U…, Ch. adm. et const,

[59] ILOKI (A), *Le recours pour excès de pouvoir au Congo*, 1ère édition 2002, l'Harmattan, p. 48.
[60] C.S Ch. Adm., M…C/U…N°020/GCS, du 22 décembre 2000.

n°016/GCS, 15 septembre 2000, inédit ; M…C/U…, ch. adm. et const., n°014/GCS, 15 septembre 2000, inédit ; I…C/E…ch. adm. et const. N°009/GCS, 9 juin 2000, inédit ; D…C/E…ch. adm. et const., N°012/GCS, 18 août 2000, inédit ; A…C/E…,ch. adm. et const., n°011/GCS, 18 août 2000, inédit.

La position de la jurisprudence appliquant l'article 2 de la loi n°022/92 du 20 août 1992 dans le sens de la représentation obligatoire des parties par un avocat devant les formations juridictionnelles de la Cour suprême n'a pas concordé, il y a quelques années, avec le point de vue du premier avocat général près cette juridiction qui estime que la disposition susvisée ne tranche pas la question de savoir si la Cour suprême peut être saisie par tout citoyen en son nom personnel ou si le concours d'un avocat est obligatoire pour saisir cette juridiction[61].

La plus haute juridiction nationale affirme actuellement de manière péremptoire la recevabilité incontestable et indéniable du recours pour excès de pouvoir formé par le requérant qui, ayant la qualité d'avocat, s'est personnellement constitué devant la Cour suprême sans recourir à un autre avocat pour défendre les intérêts de la profession dont il assure la représentation à un certain niveau de son organisation : « Sur le premier moyen tiré de l'article 2 de la loi du 20 août 1992 portant organisation du pouvoir judiciaire, en ce que le B… n'a pas constitué avocat devant la Cour suprême ; attendu que l'O… reproche au B… de n'avoir pas constitué avocat alors qu'aux termes de l'article 2 de la loi n°022/92 du 20 août 1992 portant organisation du pouvoir judiciaire, les citoyens congolais peuvent agir et se défendre eux-mêmes verbalement ou par mémoire devant toutes les juridictions, à l'exception de la Cour suprême ; attendu qu'en disposant

---

[61] Cf. conclusion du 1er avocat général, 27 novembre 1995, affaire B…c/O…, inédit.

ainsi, l'article 2 de la loi n°022/92 du 20 août 1992 susvisée ne prohibe point la défense, par l'avocat, de ses intérêts devant la cour suprême »[62].

Le juge du recours en annulation pour excès de pouvoir a donc déjà tranché la question posée à l'article 2 de la loi n°022/92 du 20 août 1992. Il n'est donc plus possible de s'interroger sur l'exigence d'un avocat pour exercer tout recours devant la Cour suprême puisque l'interprétation de ce texte est ainsi unanimement faite par toutes les chambres de cette juridiction[63] : « ... Attendu d'autre part que la requête portant les noms de M… et K… tous deux agents de la C…, ne répond guère aux prescriptions de l'article 2 de la loi n°022/92 du 20 août 1992 qui stipule : « Les citoyens congolais peuvent agir et se défendre eux-mêmes verbalement ou sur mémoire devant toutes les juridictions à l'exception de la Cour suprême ; attendu qu'au regard de la loi sus-évoquée, la requête de C… est irrecevable »[64].

Telle est aussi la position de la chambre sociale : « …Qu'en l'espèce, le demandeur au pourvoi ne s'étant pas fait représenter par un conseil : cependant, que la loi a rendu l'office d'avocat obligatoire, la requête signée de sa propre main est irrecevable ».[65] La chambre commerciale de la Cour suprême utilise une formule plus générale après avoir reproduit la disposition de l'article 2 de la loi n°022/92 du 20 août 1992 susmentionnée:
«… qu'en clair, la constitution d'avocat est obligatoire pour toute action devant la Cour suprême »[66].

---

[62] C. S. Ch. adm. et Const., aff. B…C/B…, n°005/GCS-2000, 13 avril 2000 inédit.
[63] ILOKI (A), op.cit., p. 50.
[64] Ch. adm.et const. n°005 / GCS – 2000, 13 avril 2000 précité, inédit.
[65] Ch. Soc., aff. D…C/ Cabinet C…, N°05/GCS-2001, 9 février 2001, inédit.
[66] Ch. Com…, aff. Z…C/M…, N°16/GCS 2000, 17 novembre 2000, inédit.

En tout état de cause, il est bien entendu que les lois n°51/83 du 21 avril 1983 et 022/92 du 20 août 1992 sont respectivement des lois de procédure et d'organisation judiciaires dont le principe est qu'elles s'appliquent immédiatement dès leur entrée en vigueur, même aux instances en cours. Les dispositions de la première, soumises à l'épreuve du temps, peuvent se voir subir des modifications par celles de la seconde loi et la technique juridique n'est pas opposée à une telle démarche surtout dans le cas, comme en l'espèce, où il ressort du législateur une volonté claire d'innover.

En effet, on ne peut s'empêcher de constater la contradiction entre la disposition de l'article 105 de la loi n°51/83 du 21 avril 1983 qui indique que le ministère d'avocat n'est pas obligatoire devant la Cour suprême et l'article 2 de la loi N°022/92 du 20 août 1992 qui prévoit que les citoyens congolais peuvent agir et se défendre eux-mêmes verbalement ou sur mémoire devant toutes les juridictions à l'exception de la Cour suprême[67].

Autrement dit, alors qu'il a la liberté d'agir en justice par lui-même devant les juges de fond, le plaideur ne peut, dans les conditions similaires, le faire à la Cour Suprême où le nouveau régime de sa saisine impose la représentation qui ne peut produire l'effet recherché que si le mandataire est un professionnel, en l'occurrence, aux fins de répondre aux exigences légales rigoureuses de procédure et de représentation des moyens pertinents du recours pour excès de pouvoir.

Aussi, les dispositions d'une loi postérieure abrogeant celles d'une loi antérieure qui lui sont contraires, est-il concevable que l'article 2 de la loi n°022/92 du 20 août 1992 abroge l'article 105 de la loi n°51/83 du 21 avril

---

[67] ILOKI (A), *Le recours pour excès de pouvoir au Congo*, 1ère édition 2002, l'harmattan, p. 51.

1983 dès lors qu'elles régissent une même question dans les domaines évidemment différents ?

On peut se demander si la condition sociale de certains justiciables ne constitue pas un obstacle à l'exercice du recours pour excès de pouvoir dès lors que les services d'un avocat impliquent le paiement d'honoraires.

La question ne devrait pas inquiéter outre mesure puisque la solution est préconisée par la loi. En effet, celle-ci permet aux personnes qui n'ont pas les ressources nécessaires de faire valoir leurs doits en justice sans être tenues d'avancer des frais et avec le concours gratuit des officiers ministériels et des avocats (article 1er de cette loi).

Selon la doctrine, l'égalité[68] devant les juridictions, dont il est fait référence à l'article 2 de la loi n°022/92 du 20 août 1992 ne peut se concevoir qu'en levant les obstacles susceptibles de gêner les saisines des juridictions. La loi n°001/84 du 20 janvier 1984 portant réorganisation de l'assistance judiciaire constitue donc une des mesures d'accompagnement pour l'application efficiente des principes clairement affirmés d'égalité devant la loi et les juridictions d'une part, puis de gratuité de l'accès à la justice d'autre part, car en règle supérieure, nonobstant sa consécration légale, le recours à la justice n'implique pas moins le versement, par les justiciables, des sommes d'argent à des montants et titres divers.

Le demandeur à l'instance est en effet tenu par la loi de verser au greffe, au moment du dépôt de sa requête, la somme de dix mille (10.000) francs cfa à titre de consignation[69].

[68] LEBRETON (G), *Droit administratif général*, 6ème édition 2011, Dalloz, page 170

[69] Article 108 de la loi n°51/83 du 21 avril 1983 portant C.P.C.C.A.F.

Section 2 : Les juridictions compétentes variées

La justice, dans l'État, est l'institution qui a pour mission traditionnelle de veiller principalement au bon équilibre des relations que les citoyens entretiennent entre eux ; mais aussi, relations entre les citoyens et les administrations de l'État, parfois. De la sorte, la justice désigne avant tout un idéal d'équité et d'équilibre de la vie en société, où les droits de tous sont protégés.

La justice désigne aussi une institution, une autorité chargée d'assurer cet idéal, singulièrement lorsqu'il est compris, c'est-à-dire lorsque la « loi du plus fort » risquerait de s'appliquer.

L'existence de la justice est une condition de la vie en société.

En droit des institutions, le « principe de séparation des pouvoirs » stipule que les pouvoirs publics doivent être séparés et attribués à des organes distincts. Ainsi, le pouvoir d'édicter les règles (pouvoir législatif) est confié au parlement, le pouvoir de les faire exécuter (pouvoir exécutif) appartient à un président de la République ou à un Premier ministre. En 1748, Montesquieu, dans son ouvrage *De l'esprit des lois*[70], y a adjoint le pouvoir judiciaire, c'est-à-dire le pouvoir d'appliquer la loi dans les cas particuliers.

Ainsi, pour se saisir des juridictions compétentes, il importe d'examiner respectivement *les juridictions de droit commun (paragraphe 1),* et *les juridictions d'exception (paragraphe 2).*

Paragraphe 1 : Les juridictions de droit commun

Lorsqu'on parle de juridiction de droit commun, c'est par opposition aux « juridictions d'exception » que les premiers sont désignés de la sorte.

---

[70] Montesquieu, *De l'esprit des lois*, édition Gallimard, 1951

La définition des juridictions de droit commun peut donc se comprendre comme la désignation des « tribunaux ordinaires » qui ont une vocation de principe, on dit mieux qui ont une « compétence générale » à connaître des conflits susceptibles de s'élever entre les justiciables.

La compétence d'une juridiction est son aptitude à connaître une affaire pour la juger. Les juridictions de droit commun sont celles auxquelles la loi n'a pas ôté la connaissance des matières ordinaires en considération du fait qu'elle a confié le soin de juger certaines autres matières (spéciales) à d'autres tribunaux que sont les juridictions d'exception et que l'on désigne préférentiellement de nos jours par « juridictions spécialisées »

Il faut savoir que les juridictions de l'ordre judiciaire (par opposition à l'ordre administratif dans le système de dualité de juridictions) sont traditionnellement classées en trois (3) grandes catégories : Les juridictions dites ordinaires ou de droit commun, les juridictions spécialisées, celles auxquelles un texte particulier attribue une compétence spécifique (commerce, travail) et les cours d'appel qui connaissent au second degré (sur appel donc) des décisions des deux premières catégories.

Dans certains pays influencés par la tradition française, l'interprétation rigide du principe de la séparation des pouvoirs a imposé un cloisonnement entre l'ordre judiciaire[71] et l'ordre administratif[72]. Cette distinction est inconnue dans les pays se reconnaissant dans le modèle anglo-saxon où les magistrats souvent recrutés par le système de l'élection ont à être saisis de tous les litiges et infractions, quels que soient leurs auteurs ou leurs victimes.

---

[71] Qui traite des affaires qui relèvent du droit civil et du droit pénal.

[72] Qui fait application du droit public et du droit administratif.

L'ordre administratif désigne l'ensemble des juridictions placées sous le contrôle du Conseil d'État. Ces juridictions sont compétentes pour trancher les litiges relatifs à des problèmes visant à faire intervenir l'administration. Cet ordre se compose au 1er degré des tribunaux administratifs, au second degré des cours administratives d'appel, le tout chapeauté par le Conseil d'État.

L'ordre judiciaire désigne l'ensemble des juridictions placées sous le contrôle de la Cour de cassation. Il se compose lui-même de deux grandes catégories de juridictions : les juridictions civiles compétentes pour trancher les problèmes en matière de droit privé, et les juridictions pénales compétentes en cas d'infraction à la loi. Cet ordre comprend au premier degré les juridictions de natures différentes : le tribunal d'instance, tribunal de grande instance, tribunal de travail, tribunal de police, tribunal correctionnel ; au second degré, les cours d'appel. Cet ordre est couronné par la Cour de cassation.

Notons tout de suite qu'au Congo, la loi n° 022-92 du 20 août 1992 modifiée et complétée par la loi n°19-99 du 15 août 1999 portant organisation du pouvoir judiciaire est explicite sur la question du monisme juridictionnel : « l'organisation territoriale de la justice est déterminée en fonction de l'organisation territoriale administrative. La justice est rendue au nom du peuple congolais par un seul ordre de juridictions ».[73]

Le monisme juridictionnel est donc le système qui a cours au Congo et il ne faut donc point, en premier lieu, s'étonner de voir les affaires administratives être jugées par le juge judiciaire.

Écartons donc d'office toutes vaines discussions en précisant que si la formulation de notre loi d'organisation judiciaire est en tout point identique à ce qui était le libellé

---

[73] Article 1er de la loi susvisée.

de l'article 1er dans l'ancienne loi[74], l'énumération qui s'ensuit en revanche est plus limpide, en ce qu'elle écarte sans appel les tribunaux d'exceptions qui, eux, étaient expressément prévus dans ladite loi.

Les juridictions de droit commun (tribunal d'instance, tribunal de grande instance, Cour d'appel) pour recevoir l'essentiel du contentieux[75] entre citoyens n'organisent pas moins la façon dont ceux-ci doivent procéder devant leurs instances.

En matière administrative, les juridictions de droit commun sont constituées de *la Cour suprême* (A*),* puis du *tribunal administratif* (B).

A- La Cour suprême

La Cour suprême a été confirmée, en 1983, dans sa position de « plus haute juridiction nationale », et voit son ressort s'étendre à l'ensemble du territoire congolais, son pouvoir de contrôle juridictionnel s'exerçant à l'endroit de toutes les juridictions nationales, en même temps qu'elle dispose de compétences exclusives aussi bien en matière contentieuse que consultative. Sa composition repose, outre le président et le vice-président, sur vingt-neuf magistrats[76], auxquels s'ajoute, au titre du ministère public, un procureur général, assisté d'avocats généraux.

L'affectation aux différentes formations de la Cour est opérée, sans spécialisation permanente à ce niveau non plus, par son président. Les différentes formations sont les suivantes : civile, pénale, et administrative, les chambres réunies et l'assemblée générale consultative. Chaque

---

[74] Loi 53/83 du 21 avril 1983 portant réorganisation du service de la justice en République populaire du Congo.

[75] LEBRETON (G), *Droit administratif général,* 6ème édition 2011, DALLOZ, p.463.

[76] Décret n°2018-102 du 14 mars 2018 portant nomination des magistrats à la Cour suprême.

chambre siège valablement, en sus de son président, en présence de deux magistrats. L'article 3 (nouveau) dispose : « la Cour suprême se prononce sur les recours pour excès de pouvoir formés contre les décisions émanant des diverses autorités administratives »[77].

Ce type de recours n'est traditionnellement ouvert que pour les seules décisions ayant le caractère d'actes administratifs unilatéraux. Les actes administratifs règlementaires et individuels en font partie[78]. L'article 4 (nouveau) de la même loi ajoute :

> « la Cour suprême se prononce sur les pourvois en cassation pour incompétence, violation de la loi, de la coutume et des principes du droit, dirigés contre les décisions juridictionnelles rendues en dernier ressort et en toutes matières par toutes les juridictions et par les organismes administratifs à caractère juridictionnel, ainsi que contre les décisions ou les recommandations exécutoires des conseils d'arbitrage ou des commissions de recommandation et contre les sentences arbitrales qui sanctionnent le règlement des conflits soumis à des clauses compromissoires »[79].

Les compétences de la Cour suprême en ce qui concerne les recours en annulation sont prévues aux

[77] Article 3 de la loi n°17-99 du 15 août 1999 modifiant et complétant certaines dispositions de la loi n°025-92 du 20 août 1992 et de la loi n°30-94 du 18 septembre 1994 portant fonctionnement de la Cour suprême ; article 33 de la loi n°20-2017 du 17 mai 2017 portant loi organique relative aux conditions de création, d'existence et aux modalités de financement des partis politiques.

[78] MEBIAMA (G.-C.), *« Cours du droit administratif », cycle préparatoire au concours d'entrée à l'ENAM*, filière : Barreau, greffier en chef, commissaire de police, année 2006, page 06.

[78] Article 4 (nouveau) de la loi n°17-99 du 15 août 1999 modifiant et complétant certaines dispositions de la loi n°022-92 du 20 août 1992 portant organisation et fonctionnement de la Cour suprême.

articles 405 à 415 de la loi n°51-83 du 21 avril 1983 portant Code de procédure civile, commerciale, administrative et financière.

Les compétences de la Cour suprême en matière administrative sont exercées par la chambre administrative. Il s'agit là d'une compétence exclusive qui résulte du fait qu'« aucune juridiction ne peut annuler un acte administratif »[80].

La Cour suprême est la clé de voûte du système de l'organisation judiciaire congolaise. En effet, elle exerce simultanément les fonctions confiées en France à la Cour de cassation, au Conseil d'État. C'est donc la formule d'une Cour suprême polyvalente[81] qui est consacrée. Les diverses attributions d'une Cour suprême sont exercées par plusieurs formations distinctes : parmi elles, la chambre administrative qui apparaît comme le juge administratif supérieur. Malheureusement, les mérites d'une telle formule sont limités par l'absence d'une véritable spécialisation de cette formation[82].

B- Le Tribunal administratif

La loi n°19-99 du 15 août 1999 modifiant et complétant certaines dispositions de la loi n°022-92 du 20 août 1992 portant organisation du pouvoir judiciaire prévoit la création d'un tribunal administratif. Ainsi, l'article 80 de la loi susvisée dispose : « *Il peut être créé un tribunal administratif par district ou arrondissement. La loi de création fixe son siège et son ressort qui comprend un ou plusieurs districts ou un ou plusieurs arrondissements* ».

---

[80] Péreira (GL.C.), *L'administration congolaise*, Paris, Berger Levrault, 1979, p. 73.

[81] BRETON (J. M.), *Droit public congolais*, Economica, 1987, p. 496.

[82] BOUMAKANI (B), *Cours du contentieux administratif*, Faculté de droit de Brazzaville, Maîtrise de droit public,2007-2008, p. 76.

L'article 1er de la loi n°8-96 du 20 mars 1996 portant création du Tribunal administratif de Brazzaville, dispose : *« Il est créé un Tribunal administratif à Brazzaville »*. L'article 2 de la même loi ajoute : « *Le ressort du Tribunal administratif de Brazzaville comprend la commune de Brazzaville »*.

La loi n°13-96 du 20 mars 1996 portant création du Tribunal administratif de Pointe-Noire prévoit en son article 1er que : « Il est créé un Tribunal administratif à Pointe-Noire ». L'article 2 de la même loi ajoute : « Le ressort du Tribunal administratif de Pointe-Noire comprend la commune de Pointe-Noire et la région du Kouilou ». En France, les tribunaux administratifs ont été créés par le décret du 30 septembre 1953, en remplacement des « conseils de préfecture » institués en l'an VIII, qui avaient survécu jusque-là[83]. Ils sont fonctionnels.

Les tribunaux administratifs sont juges de droit commun en première instance en matière administrative (article 82 de la même loi). L'article 83 de la loi de 1999 organisant le pouvoir judiciaire dispose :

> « Le tribunal administratif est, en matière administrative, juge de droit commun en premier ressort et, au plan contentieux, il est, au cours des instances dont il est saisi, compétent pour interpréter les décisions des diverses autorités administratives et apprécier leur régularité juridique, à la demande de l'une des parties, sans pouvoir en prononcer l'annulation qui est de la compétence de la Cour suprême.

À ce titre, le tribunal administratif connaît de toutes les actions tendant à faire déclarer débitrices les collectivités

[83] LEBRETON (G.), *Droit administratif général*, 6ème édition 2011, Dalloz, p. 37.

publiques soit à raison des marchés, titre que le tribunal administratif connaît :

1° Marchés publics conclus par elle, soit à raison des travaux publics qu'elles ont ordonnés, soit encore à raison de tous actes ou activités de leur part ayant porté préjudice à autrui ;

2° du contentieux des contributions perçues par les collectivités publiques ;

3° de tous les litiges portant sur les avantages pécuniaires ou statutaires reconnus aux fonctionnaires et agents publics des diverses administrations, notamment aux fins de redresser les situations de carrières inadéquates et de prononcer, le cas échéant, la répartition qui leur est due pour le préjudice ;

4° des actions intentées par les administrations contre les particuliers, ou d'autres administrations lorsqu'elles se rapportent à des relations relevant du droit public »[84].

Les magistrats du tribunal administratif sont nommés par le conseil supérieur de la magistrature[85].

Paragraphe 2 : Les juridictions d'exception

Constituent les juridictions d'exception, en matière administrative, *le tribunal de grande instance* (A) et *la cour constitutionnelle* (B).

A- Le tribunal de grande instance

Au cours des instances civiles dont elle est saisie, la chambre civile du tribunal de grande instance est compétente pour interpréter les décisions des diverses

[84] Loi n°19-99 du 15 août 1999 modifiant et complétant certaines dispositions de la loi n°022-92 du 20 août 1992 portant organisation du pouvoir judiciaire.

[85] Décret n°2018-106 du 14 mars 2018 portant nomination des magistrats dans les tribunaux administratifs, de commerce et du travail.

autorités administratives et apprécier leur régularité juridique, lorsqu'elles sont invoquées à l'appui de la demande ou comme moyen de défense.

Cette compétence ne lui est toutefois reconnue qu'à défaut du tribunal administratif dans le ressort. Dans les ressorts où il existe un tribunal administratif, la chambre civile doit surseoir à statuer[86].

L'absence du tribunal administratif, tel qu'institué par la loi, donne encore compétence au tribunal de grande instance de connaître les litiges relatifs aux actes préparatoires et aux élections locales.

Ainsi, l'article 105 de la loi n°5-2007 du 25 mai 2007 modifiant et complétant certaines dispositions de la loi n°9-2001 du 10 décembre 2001 portant loi électorale dispose : « le contentieux des actes préparatoires et des élections locales relève du tribunal de grande instance, statuant en matière administrative ».

En vertu des dispositions de l'article 106 de la loi sus-évoquée, « *constituent des actes préparatoires : l'établissement et l'affichage des listes électorales ; l'établissement des bulletins de vote et des formulaires ; la distribution du matériel électoral, l'impression des logos et des emblèmes des candidats ; les candidatures* », toute personne qui s'estime lésée peut adresser une réclamation relative aux actes préparatoires ou aux élections locales devant le tribunal de grande instance de son ressort statuant en matière administrative ; cette réclamation est recevable dix jours après le recours préalable exercé devant l'administration qui est tenue de répondre dans ce délai.

Le tribunal de grande instance est saisi par simple requête motivée, à laquelle sont jointes toutes les pièces

---

[86] Article 62 de la loi n°15-99 du 15 août 1999 modifiant et complétant certaines dispositions de la loi n°022-92 du 20 août 1992 portant organisation du pouvoir judiciaire.

justificatives dont le requérant entend se prévaloir (article 107 de la loi électorale de 2007).

Les juridictions pénales et les tribunaux du travail ont, également, une plénitude de juridiction en ce qui concerne le contrôle de la légalité des actes administratifs. Ces juridictions tiennent leur compétence de la loi.

Ainsi, l'article 403 de la loi n°51-83 du 21 avril 1983 portant code de procédure civile, commerciale, administrative et financière, dispose : *« La légalité des actes administratifs ne constitue jamais une question préjudicielle de sorte que les juridictions, saisies d'une exception d'illégalité au cours d'une instance, ont compétence pour apprécier et interpréter la légalité des actes administratifs versés aux débats ».*

La loi limite cependant le cadre d'exercice de cette compétence. En effet, les juridictions concernées ne peuvent annuler un acte administratif. Elles se bornent à constater l'illégalité de l'acte en cause et s'abstiennent de l'appliquer dans le litige qui leur est soumis.

Ces principes ont été rappelés par la chambre administrative de la Cour suprême dans l'affaire Bouboutou Mbemba (C.S., adm. ,23 avril 1982) : « attendu qu'il y a lieu (…) de rappeler que notre droit ignore la dualité des juridictions judiciaires et administratives, ainsi que le sursis à statuer jusqu'à ce qu'une question préjudicielle[87] soit tranchée par la juridiction administrative ; que dans ces conditions, la cour d'appel aurait dû elle-même se prononcer sur l'exception (…) soulevée devant elle ».

---

[87] Il y a question préjudicielle, lorsque le juge saisi au principal doit surseoir à statuer jusqu'à ce qu'un autre juge l'ait éclairé sur une question accessoire

Les magistrats du tribunal de grande instance sont nommés par le Conseil supérieur de la magistrature[88].

B- La Cour constitutionnelle

La Cour constitutionnelle est créée par la loi organique n°1-2003 du 17 janvier 2003. Cette loi porte organisation et fonctionnement de cette juridiction. Aux termes de l'article 2 de la loi précitée, *« la cour constitutionnelle veille à la régularité de l'élection du Président de la République, en examine les réclamations et proclame les résultats du scrutin ».*

Comme le tribunal de grande instance, la Cour constitutionnelle est aussi une juridiction d'attribution en matière administrative. Cette compétence ne résulte ni d'un texte législatif ni d'un texte réglementaire, mais d'une décision juridictionnelle.

En effet, l'article 3 dispose que : *« la cour constitutionnelle est exceptionnellement compétente pour connaître, en matière d'élection du président de la République, des contestations par tout particulier, des actes réglementaires liés tant à la phase préparatoire qu'à l'organisation et au suivi de cette élection »*[89].

La Cour constitutionnelle n'est pas, par principe, chargée de contrôler la constitutionnalité des actes administratifs[90]. Elle est consciente toutefois qu'elle a une compétence d'attribution. Ainsi, la Cour constitutionnelle n'est pas juge de la légalité des actes administratifs, au même titre que le juge administratif ordinaire. La

---

[88] Décret 2018-104 du 14 mars 2018 portant nomination des magistrats dans les tribunaux de grande instance

[89] Article 03 de la délibération n°001/Dél/CC/09 du 28 avril 2009 relative à la régularité de l'élection du président de la République.

[90] MOUDOUDOU (P.), « Les tendances du droit administratif dans les États d'Afrique noire francophone », *Annales de l'Université Marien NGOUABI, Sciences juridiques et politiques*, Vol. 10 n°3, année 2009, pages 31-32.

compétence reconnue à la Cour constitutionnelle, en matière d'élection du président de la République, ne concerne que les actes édictés par les autorités administratives.

Ainsi, la Cour constitutionnelle peut annuler un acte administratif entaché d'illégalité lorsqu'il est pris dans le domaine du contentieux de l'élection du président de la République.

À l'exception de cette compétence, tout contentieux des actes réglementaires relève du juge compétent, c'est-à-dire du juge administratif.

CHAPITRE II : LE RENFORCEMENT DE LA PROTECTION DES DROITS ET LIBERTÉS FONDAMENTAUX

La personne humaine est sacrée et a droit à la vie. L'État a l'obligation absolue de la respecter et de la protéger[91].

Tous les citoyens sont égaux devant la loi[92]. Tout citoyen a le droit de présenter des requêtes aux organes appropriés de l'État[93]. Tout citoyen, qui subit un préjudice, du fait de l'administration, a le droit d'agir en justice dans les formes déterminées par la loi[94].

La proclamation des droits et libertés, si solennelle soit-elle, ne suffit pas à en assurer la protection. Un nouveau régime s'affirme souvent favorable aux libertés, en promet davantage que le régime auquel il succède, mais commence par éliminer ou écarter ses ennemis sans grand respect de leurs droits, en reportant l'application de ses promesses à plus tard, lorsqu'il s'est défait de ses opposants. L'expérience montre que l'effectivité de la protection dépend de plusieurs facteurs. Même si notre époque a découvert la nécessité de formes de protection non juridictionnelles, la protection juridictionnelle demeure la plus efficace[95].

Elle est forte à de nombreux bénéficiaires et encadrés par des principes particuliers qui peuvent également être considérés comme des droits fondamentaux : les droits

---

[91] Article 8 de la constitution congolaise du 25 octobre 2015.

[92] Article 15 de la constitution congolaise du 25 octobre 2015.

[93] Article 46 de la constitution congolaise du 25 octobre 2015.

[94] Article 47 de la constitution congolaise du 25 octobre 2015.

[95] BOUMAKANI (B), *Cours des libertés publiques*, Licence II, faculté de droit de Brazzaville, 2005.

garantis. Elle est assurée par l'ordre juridictionnel judiciaire, administratif, la juridiction constitutionnelle, les juges supranationaux, voire internationaux[96].

Le peuple congolais réuni en conférence nationale souveraine[97], soucieux de sauvegarder et de promouvoir ses valeurs propres, pour développer et garantir les bienfaits de la liberté aux générations présentes et futures[98] ; mu par la volonté d'assurer à chacun le bien-être matériel et spirituel de tous les citoyens ; affirmant sa détermination à consolider l'unité nationale et son opposition fondamentale à tout régime fondé sur l'arbitraire, la violence, la forfaiture, le régionalisme et le népotisme[99] ; résolu à créer un État de droit et de pluralisme démocratique, dans lequel les droits fondamentaux[100] de l'homme sont garantis, protégés et promus comme la condition nécessaire au développement intégral de chaque Congolais tant dans sa dimension temporelle, culturelle que spirituelle ; proclamant son attachement aux droits de l'homme tels qu'ils ont été définis par la Charte des Nations-Unies, la Déclaration universelle des droits de l'homme du 10 décembre 1948 et la Charte africaine des droits de l'homme et des peuples adoptée en 1981 par l'Organisation de l'unité africaine ; réaffirmant sa volonté de coopérer dans la paix et l'amitié avec tous les peuples qui partagent ses idéaux de liberté, de justice et de solidarité[101].

---

[96] BOUMAKANI (B), op.cit, p.54

[97] La conférence nationale souveraine a eu lieu de février à juin 1991.

[98] Préambule de la Charte des droits et libertés adoptée le 29 mai 1991 par la Conférence nationale souveraine.

[99] Idem.

[100] Titre II de la constitution congolaise du 25 octobre 2015.

[101] Préambule de la charte des droits et libertés adoptée le 29 mai 1991 par la conférence nationale souveraine.

Tous les êtres humains naissent libres et égaux en droits.[102] Ils ont droit, sans distinction, à la même dignité et à une égale protection de la loi[103].

La reconnaissance de la dignité inhérente à tous les membres de la famille humaine et de leurs droits égaux et inaliénables constitue le fondement de la liberté, de la justice et de la paix dans le monde[104].

La méconnaissance et le mépris des droits de l'homme ont conduit à des actes de barbarie qui révoltent la conscience de l'humanité, et l'avènement d'un monde où les êtres humains seront libres de parler et de croire, libérés de la terreur et de la misère, a été proclamé comme la plus haute aspiration de l'homme[105].

Il est essentiel que les droits de l'homme soient protégés par un régime de droit pour que l'homme ne soit pas contraint, en suprême recours, à la révolte contre la tyrannie et l'oppression[106].

Considérant que dans la charte les peuples des Nations-Unies ont proclamé à nouveau leur foi dans les droits fondamentaux de l'homme, dans la dignité et la valeur de la personne humaine, dans l'égalité des droits des hommes et des femmes, et qu'ils se sont déclarés résolus à favoriser le progrès social et à instaurer de meilleures conditions de vie dans une liberté plus grande.

Les États membres se sont engagés à assurer, en coopération avec l'organisation des Nations-Unies, le respect universel et effectif des droits de l'homme et des libertés fondamentales.

---

[102] Article 1er de la Déclaration universelle des droits de l'homme du 10 décembre 1948.
[103] Article 1er de la charte de 1991, précitée.
[104] Préambule de la constitution du 25 octobre 2015, précitée.
[105] Idem.
[106] Idem.

Une conception commune de ces droits et libertés est de la plus haute importance pour remplir pleinement cet engagement[107].

Patrick WACHSMANN écrivait il y a quelques années qu'on n'aurait rien fait si l'on s'était contenté de déclarer, de proclamer les droits de l'homme. C'est évidemment leur réalisation qui importe et celle-ci suppose la mise en place des garanties qui soient effectivement au service des titulaires de ces droits[108].

Cette effectivité se réalise parfois par la mise en place des mécanismes originaux destinés à assurer leur promotion et leur protection[109]. Notre étude se fondera sur les *transformations de la justice administrative* (Section 1), puis sur *l'innovation dans le mode de règlement des différends administratifs* (Section 2).

Section 1 : Les transformations de la justice administrative

Les transformations de la justice administrative se justifient par *les mutations du système juridictionnel* (paragraphe 1) *; le renforcement du contrôle de l'administration par la Cour suprême* (paragraphe 2).

Paragraphe 1 : Les mutations du système juridictionnel

Au moment de l'indépendance, le Congo a opté non pas pour la dualité de juridictions qui existaient déjà mais pour un système d'unité de juridictions avec le maintien de la spécificité du droit administratif c'est-à-dire que pour

[107] Préambule de la constitution du 25 octobre 2015, précitée.

[108] WACHSMANN (P.), *Les droits de l'homme,* Paris, Dalloz, 2002, 4ème édition, page 121.

[109] HOLO (Th.), « Les droits et devoirs de la personne dans le constitutionnalisme africain », *Revue béninoise des sciences juridiques et administratives*, n°18, page 17.

les litiges de droit administratif, il faut respecter les règles spéciales de procédure posées par les articles 405 et suivants du code de procédure civile, commerciale, administrative et financière (respect d'un délai de deux mois, demande administrative préalable).

Il s'agissait donc d'un système d'unité de juridictions à dualité du contentieux. Il y avait un seul ordre de juridictions, chapeauté par une Cour suprême polyvalente. Les raisons du choix étaient, entre autres, la simplification et la clarification de l'organisation judiciaire pour en rendre l'accès facile, le besoin de réduire les frais occasionnés par l'institution des juridictions administratives que le volume des affaires ne justifiait pas.

À l'observation, on oublie, peut-être souvent, de rappeler que le système dualiste est aussi « source de quelques inconvénients » avec, notamment, les problèmes de compétence qui ne permettent pas de définir avec précision la frontière entre les deux contentieux.

C'est la position soutenue par Auguste ILOKI qui affirme : « Un des facteurs de blocage du fonctionnement harmonieux de la justice est le fait que l'exécutif néglige de mettre en place les tribunaux administratifs, notamment par la nomination de leur personnel »[110].

Notons tout de suite qu'au Congo, la loi sur la question du monisme juridictionnel dispose que : « L'organisation territoriale de la justice est déterminée en fonction de l'organisation territoriale administrative. La justice est rendue au nom du peuple congolais par un seul ordre de juridictions »[111].

---

[110] ILOKI (A), *La justice administrative en République du Congo*, Journées du barreau de Brazzaville, du 18 au 19 janvier 2000. p. 10.

[111] Article 1er de la loi n°19-99 du 15 août 1999, modifiant et complétant certaines dispositions de la loi n°022-92 du 20 août 1992, portant organisation du pouvoir Judiciaire.

La loi du 20 août 1992, modifiée et complétée par celle du 15 août 1999, portant organisation du pouvoir judiciaire qui a créé le tribunal administratif ne suffit pas à dire qu'il y a deux ordres de juridictions au Congo, car il n'existe ni la Cour administrative d'appel, ni le Conseil d'État comme cela existe dans l'ex-métropole.

Paragraphe 2 : Le renforcement du contrôle de l'administration par la Cour suprême

La Cour suprême, suivant les dispositions de l'article 5 de la loi n°19-99 du 15 août 1999, modifiant et complétant la loi de 1992, est la plus haute juridiction nationale. À côté du tribunal administratif qui est compétent pour interpréter les décisions administratives et apprécier leur régularité juridique, la Cour suprême renforce le contrôle de l'administration par les actes qu'elle édicte. En effet, les décisions administratives entachées d'excès de pouvoir sont susceptibles d'annulation par la Cour suprême.

La Cour suprême veille à ce que les actes des diverses autorités administratives soient conformes au droit en vigueur dans notre pays, le Congo. La chambre administrative de la Cour suprême est compétente en cas de litige.

Section 2 : L'innovation dans le mode de règlement des différends administratifs

L'amélioration de la qualité de la justice rendue aux citoyens est devenue une préoccupation quasi universelle. Mais, les solutions apportées diffèrent d'un État à un autre, d'un continent à l'autre. Si en Europe, l'une des préoccupations est de consolider, par exemple, le droit à un procès équitable et à un recours effectif, en Afrique, d'autres réformes majeures ont été réalisées.

Il s'agit principalement, au Congo, du *contrôle des actes réglementaires par la Cour constitutionnelle*

(Paragraphe 1) et du *contrôle des actes préparatoires des élections locales par le tribunal de grande instance* (Paragraphe 2).

Paragraphe 1 : Le contrôle des actes réglementaires par la Cour constitutionnelle

Dès 1992, le Congo a institué une Cour constitutionnelle, juridiction créée pour connaître spécialement et exclusivement du contentieux constitutionnel[112], située hors de l'appareil juridictionnel ordinaire et indépendant de celui-ci et des pouvoirs. Cette Cour constitutionnelle illustre le modèle européen de justice constitutionnelle.

Pour ce qui est du type de contrôle, le système congolais consacre le contrôle par voie d'action par tout citoyen et par les autorités publiques : Président de la République, les présidents de l'Assemblée nationale et du Sénat ou par un tiers des membres de chaque chambre. Il prévoit également le contrôle par voie d'exception, la question préjudicielle de constitutionnalité est soulevée comme un moyen de défense dans le cadre d'un procès.

La Cour constitutionnelle est l'organe régulateur de l'activité des pouvoirs publics. Elle assure, à travers ses missions de contrôle, la protection des droits et des libertés fondamentaux du citoyen.

La loi organique[113] ne prévoit point ce contrôle. Cependant, la délibération de la Cour constitutionnelle[114], en son article 3, dispose que :

---

[112] BOUMAKANI (B), op.cit. p. 77.

[113] Loi organique n° 1-2003 du 17 janvier 2003, portant organisation et fonctionnement de la Cour constitutionnelle.

[114] Délibération n° 001/DEL/CC/09 du 28 avril 2009, relative à la régularité de l'élection du Président de la République.

« La Cour constitutionnelle est exceptionnellement compétente pour connaître, en matière d'élection du Président de la République, des contestations, par tout particulier, des actes réglementaires liés tant à la phase préparatoire qu'à l'organisation et au suivi de cette élection ».

En effet, la compétence reconnue à la Cour constitutionnelle est une compétence d'attribution. Cela signifie que la compétence attribuée à la Cour constitutionnelle n'est réservée qu'en matière d'élection du Président de la République, des actes réglementaires...

Les actes administratifs édictés avant, pendant et après l'élection du Président de la République, lorsqu'ils sont entachés d'illégalité, peuvent être annulés par la Cour constitutionnelle. Peut-on considérer cette juridiction comme *« une juridiction administrative spécialisée »* ?

La réponse est délicate. Mais, un début de réponse est possible, en partant de la jurisprudence du conseil d'État français qui a consacré un critère d'ordre matériel pour qualifier une juridiction d'« administrative ». Selon celle-ci, il faut considérer ce qu'est la *« nature des litiges »*[115] ou plus largement la *« nature des affaires »*[116] soumises à la juridiction. S'il s'agit des questions de droit public ou, plus précisément, de droit administratif, la juridiction sera considérée comme administrative[117].

Mais, la Cour constitutionnelle n'est pas une juridiction « spécialisée », car une telle qualification suppose

[115] CE, Section, 07 janvier 1949, Adam, Rec. 7, Dalloz, 1950, page 05, note J.

[116] De façon à tenir compte de l'hypothèse où il y a dissociation entre contentieux et juridiction : CE, 07 février 1947, D'allières, GAJA, n°60 ; RDP 1947, page 48, conclusion ODENT, note M. WALINE.

[117] CE, Section, 21 janvier 1951, Union commerciale de Bordeaux-Bassens, Dalloz 1951, Conclusion J. GUIONIN. S'il s'agit de litiges de droit privé, la juridiction sera considérée comme judiciaire (CE, 13 janvier 1954, Magevand, DA, 1954, n°73).

l'existence d'un recours en cassation devant une juridiction suprême à compétence générale. C'est donc une juridiction administrative sui generis. À cette particularité s'ajoute le contrôle des actes préparatoires et des élections locales par le tribunal de grande instance.

Paragraphe 2 : Le contrôle des actes préparatoires et des élections locales par le Tribunal de grande instance

Comme la Cour constitutionnelle, la loi n°5-2007 du 25 mai 2007, modifiant et complétant certaines dispositions de la loi n°9-2001 du 10 décembre 2001 portant loi électorale attribue au Tribunal de grande instance le contentieux des élections locales. Ainsi, l'article 105 dispose que : *« le contentieux des actes préparatoires et des élections locales relève du Tribunal de Grande Instance, statuant en matière administrative »*.

Au sens de la présente loi, constituent des actes préparatoires : L'établissement et l'affichage des listes électorales, la révision des listes électorales, l'établissement des bulletins de vote et des formulaires, la distribution du matériel électoral, l'impression des logos et des emblèmes des candidats, les candidatures (article 106).

Le Tribunal de grande instance fait office du tribunal administratif lorsqu'il s'agit du contentieux des élections locales. *C'est une compétence exceptionnelle*. Au cas où le tribunal administratif est institué, il faudrait que la loi lui reconnaisse la compétence attribuée au Tribunal de grande instance par la loi électorale de 2007. En effet, l'article 83 de loi de 1999 modifiant et complétant celle de 1992 portant organisation du pouvoir judiciaire ne prévoit pas le contentieux des actes préparatoires et des élections locales au Tribunal administratif.

Le contrôle des actes réglementaires par la Cour constitutionnelle et celui des actes préparatoires et des élections locales par le Tribunal de grande instance prouvent que la Cour suprême, notamment sa chambre administrative, n'est plus la seule compétente pour contrôler la légalité des décisions administratives, voire même les annuler en cas d'illégalité.

DEUXIÈME PARTIE : LES PROBLÈMES PRATIQUES POSÉS PAR LE CONTENTIEUX DE L'ANNULATION

Soumettre l'administration à un contrôle juridictionnel est une entreprise malaisée et jamais parfaitement réalisée ; l'administration exerce en effet la puissance publique au nom de l'État, et il est difficile d'imaginer qu'elle puisse être amenée à rendre compte de ses actes, ne serait-ce que du point de vue de la légalité, ou des activités de ses agents, devant un tiers, qui soit de surcroît indépendant et impartial comme doit l'être un juge. Le contrôle juridictionnel de l'administration congolaise diffère profondément de celui des sociétés françaises ou européennes où ce type de contrôle a pu se développer progressivement pour ne parvenir à son état actuel qu'après des siècles de tâtonnement. La conscience juridique collective congolaise émanant du milieu social apparaît, à première vue, plutôt étrangère à cette institution, que la période coloniale n'a pas contribué à implanter[118].

Les limites du contentieux de l'annulation au Congo s'expliquent par des raisons tenant à *l'organisation juridictionnelle* (Chapitre 1) et à *une appréciation discutable de l'application du droit administratif par le juge congolais* (Chapitre 2).

---

[118] MOUDOUDOU (P), Droit administratif congolais, l'Harmattan 2003, p. 79.

CHAPITRE I : DES LIMITES TENANT À L'ORGANISATION JURIDICTIONNELLE

L'accessibilité de la justice est mise à rude épreuve par l'insuffisance de la couverture juridictionnelle de l'ensemble du territoire national. La justice doit être humaine, ce qui est l'un des attributs de l'accessibilité. Cette qualité indispensable se décompose elle-même en plusieurs éléments. Les justiciables doivent bénéficier d'une information satisfaisante sur leurs droits à de nombreuses étapes de la procédure, mieux en comprendre le déroulement et ses effets[119].

Le système juridictionnel congolais est moniste et non dualiste. Il existe donc dans notre système une juridiction administrative particulièrement organisée par la loi du 20 août 1992 portant organisation du pouvoir judiciaire.

Dans cette partie, nous examinerons successivement le choix du système de *l'unité de juridictions* (section 1), puis *l'analyse du contentieux administratif* (section 2).

Section 1 : Le choix du système de l'unité de juridictions

Le juge ordinaire dispose-t-il d'une compétence de droit commun en toute matière ? Le Congo avait dû s'inspirer du Maroc qui, dès 1957, avait mis en place le système de l'unité de juridictions : le but recherché était d'attribuer la totalité des compétences juridictionnelles à un nombre restreint de formations hiérarchisées et composées de magistrats polyvalents garantis par un statut[120].

---

[119] BOUMAKANI (B), *Cours du D.A 2e année de licence*, 2005.
[120] MOUDOUDOU (Pl.), op.cit., pages 84-85.

Ainsi, force est d'examiner *la carence du contentieux objectif à la Cour suprême* (paragraphe 1) et *l'absence d'un personnel spécialisé* (paragraphe 2).

Paragraphe 1 : L'insuffisance du contentieux objectif à la Cour suprême

La moisson est en effet à cet égard bien maigre puisque l'on signale même qu'entre 1962 et 1984, soit pendant vingt-deux ans, la chambre administrative de la Cour suprême n'a pu rendre que seize (16) arrêts[121].

Ce bilan est quasiment confirmé dans une étude où il est indiqué que de 1962 à 1982, et donc en vingt ans, l'activité juridictionnelle de cette chambre s'est limitée à la connaissance de dix-sept affaires dont treize ont porté sur le recours pour excès de pouvoir en cassation[122]. C'est bien l'illustration de ce que la jurisprudence en tant que source prétorienne du droit administratif dans le domaine considéré du recours pour excès de pouvoir occupe jusqu'alors une place étriquée au Congo, même si le juge paraît, à ses risques et périls peut-être, actuellement plus hardi qu'il ne l'était à l'époque de cet aperçu statistique.

En théorie, le contrôle de la légalité permet à tout justiciable présentant un intérêt à agir de demander l'annulation d'un acte administratif et de l'obtenir si son recours est recevable et fondé. La pratique montre que la plupart des actes administratifs annulés relèvent du contentieux de la fonction publique. L'essentiel du contentieux de l'excès de pouvoir (moins de 50 arrêts de fond depuis la création de la Cour suprême)[123] est donc le

---

[121] BRETON(J.M), *Droit public congolais*, Economica 1987, Page 175.

[122] BRETON(J.M), *La jurisprudence administrative de la Cour suprême de la République populaire du Congo, les Cours suprêmes en Afrique, III, la jurisprudence administrative*, Gérard CONAC et Jean de GAUDUSSON, Economica 1988, pp. 70-71.

[123] MOUDOUDOU (P.) et MARKUS (J. P.), op.cit.

fait de justiciables « internes », les fonctionnaires et autres agents publics. On peut citer les affaires Mbargha (c.s, ch.adm., 26-juillet-1962), Koffi Améga (c.s., ch.adm., 30-novembre-1964 (1ère espèce)' Nzonza (c.s.,ch.adm.,22 octobre 1971), Kayouloud (c.s., ch.adm., 20 mai 1977), Niamankessi et autres (c.s.,ch.adm.,15 septembre 2000), Diabangouya et autres (c.s.,ch.adm.,18 juin 1976). Tous ces arrêts concernent l'annulation d'actes administratifs illégaux portant préjudice à des fonctionnaires, comme des sanctions disciplinaires, reconstitutions incomplètes de carrière, violation du principe d'inamovibilité des magistrats[124]...

Comme dans les démocraties européennes du XIXème siècle, l'annulation d'un acte administratif, fût-ce par un juge, est encore perçue comme une atteinte aux droits de l'administration ou, pire, un affaiblissement de l'État. Or ce n'est jamais que le rétablissement de l'État de droit par la censure d'un excès de pouvoir commis par l'administration. Ce n'est pas affaiblir l'administration que de censurer ceux de ses actes qui sont contraires au droit ; c'est au contraire légitimer tous ses autres actes, infiniment plus nombreux.[125]

L'inexistence des documents de référence autorise, hélas, de se limiter dans la présentation des statistiques aux années 2000 à 2001 pour affirmer que sur un total de quarante-huit (48) arrêts rendus pendant cette période :

- Treize (13) ont annulé les décisions administratives attaquées (décrets, arrêtés, notes diverses...) ;
- Cinq (5) ont rejeté les requêtes de recours pour excès de pouvoir ;

---

[124] MOUDOUDOU (P), *Droit administratif congolais*, l'Harmattan, 2003, pp. 88-100 ; ILOKI (A), *Le recours pour excès de pouvoir au Congo*, l'Harmattan, 2002.

[125] MOUDOUDOU (P), op. cit.

- Trente (30) ont déclaré irrecevables les requêtes de recours pour excès de pouvoir.

Il convient d'indiquer que ce fort taux d'arrêts d'irrecevabilité résulte de l'inobservation par les demandeurs au recours pour excès de pouvoir de la disposition de l'article 2 de la loi n°19-99 du 15 août 1999, modifiant et complétant certaines dispositions de la loi n°022-92 du 20 août 1992, portant organisation du pouvoir judiciaire en République du Congo, relative à la saisine de la Cour suprême au moyen d'un avocat. Y ayant procédé en leur propre nom, et donc sans le concours d'un avocat, la Cour suprême a prononcé des arrêts d'irrecevabilité dans tous ces cas. La Cour suprême rejette aussi les recours pour irrecevabilité : les motifs de rejets sont relatifs aux questions de délai, à l'absence d'intérêt, ou de qualité à agir.

Paragraphe 2 : **L'absence d'un personnel spécialisé**

En réalité, l'une des plus grandes difficultés est de trouver le personnel apte à exercer la tâche de dire le droit dans les litiges où est impliquée une personne publique, qu'il s'agisse du contentieux de l'annulation ou du plein contentieux. La spécialisation d'une formation en matière administrative n'a de sens véritable que s'il est possible d'y affecter un personnel apte à trancher des problèmes, souvent délicats et spécifiques qui y seront évoqués.

Or, ce problème n'est pas encore résolu, car la chambre administrative de la Cour suprême est souvent, majoritairement, composée de magistrats ayant une formation en droit privé. Et, lors des nominations des membres de la haute juridiction, en ce qui concerne la chambre administrative notamment, le souci de nommer des magistrats ayant une maîtrise du droit et du contentieux administratif n'est pas prépondérant[126].

Certes, un personnel, même non spécialisé à l'origine, peut parfaitement acquérir le minimum de formation nécessaire pour trancher valablement les litiges administratifs, s'il consacre toute son activité à cette tâche.

Section 2 : Examen du contentieux de l'annulation

Le recours en annulation est une pure création jurisprudentielle[127]. C'est un recours contentieux qui vise à faire annuler, par le juge administratif, un acte administratif illégal. Certains actes sont exclus du champ d'application du recours pour excès de pouvoir, notamment des actes de gouvernement et les mesures d'ordre intérieur.

Conformément à l'analyse classique, le recours pour excès de pouvoir apparaît comme « un procès fait à un acte » et non à faire reconnaître un droit subjectif. C'est en ce sens qu'on le qualifie de recours « objectif ».

Il en résulte deux conséquences concernant ses effets et sa recevabilité :

- En ce qui concerne ses effets, le recours pour excès de pouvoir débouche, lorsqu'il est couronné de succès, sur l'annulation erga omnes de l'acte attaqué.
- Dans la même optique, un recours objectif ne peut être efficace que si la recevabilité est largement admise.

Ainsi, nous examinerons respectivement *un contentieux ouvert aux agents publics* (paragraphe 1), ensuite *un*

---

[126] MOUDOUDOU (P), *Droit administratif congolais*, l'Harmattan, 2003, p. 95.

[127] C.S, ch. adm. 26 juillet 1962, Koffi Améga ; C.S, ch. adm. 20 mai 1977, Kayouloud.

contentieux échappant aux administrés ou particuliers (paragraphe 2).

Paragraphe 1 : Un contentieux ouvert aux agents publics

Comme on le sait, le contentieux administratif congolais est essentiellement un contentieux de fonctionnaires, à l'instar du contentieux administratif des autres États d'Afrique noire francophone. Ce contentieux se révèle incapable d'agir ou même de se greffer sur le fonctionnement des relations entre l'administration et ses administrés.

L'essentiel du contentieux administratif est donc réalisé par une clientèle interne, celle des fonctionnaires et autres agents publics : le droit administratif pathologique est principalement un contentieux de la fonction publique reposant pour l'essentiel sur la contestation d'actes individuels.

La quasi-totalité des arrêts de la jurisprudence administrative congolaise soulève des questions liées au respect du droit de la fonction publique. Il en est ainsi dans l'affaire Mbargha[128] dans laquelle la Cour suprême a examiné la requête du point de vue des dispositions statutaires de nature réglementaire applicables en l'espèce.

Faute, pour le requérant, d'avoir pu présenter les conditions de diplôme requises pour accéder aux fonctions postulées, la Cour suprême a rejeté sa demande au motif que la décision attaquée n'était pas entachée d'illégalité. Dans l'espèce Koffi Améga[129], le requérant conteste son affectation à Pointe-Noire en qualité de procureur de la République près le tribunal de grande instance de cette ville.

---

[128] C.S., Ch. Adm., 26 juillet 1962, Mbargha.

[129] C.S., Ch. Adm., 30 novembre 1964 (1ère espèce) ; 25 avril 1965 (2ème espèce).

Dans l'arrêt Nzonza, la haute juridiction a examiné une requête en annulation d'un arrêté du ministre de la Fonction publique admettant d'office l'intéressé à faire valoir ses droits à pension de retraite à titre disciplinaire en raison de la faute qui lui était imputée, conformément à la recommandation de la commission spéciale de discipline compétente[130].

Citons également les arrêts Diabangouya et autres et Baze. Dans la première espèce, la Cour suprême consacre le principe d'égalité des citoyens devant la fonction publique en jugeant notamment que les décisions de reclassement intervenues en violation des règles résultant du statut général de la fonction publique ne sauraient faire naître des droits acquis au profit des agents qui en auraient bénéficié.

Les faits étaient simples : les sieurs Diabangouya, Miyamou et Mouyeke exposaient qu'ayant subi, après concours, un stage de formation professionnelle à Tunis (à l'école de l'aéronautique civile EL AOUINA), et ayant obtenu leur diplôme de fin de stage, ils ont été intégrés, de retour au Congo, comme tous leurs collègues issus d'autres écoles étrangères dans les cadres de la catégorie B II des services techniques de l'aéronautique civile, et nommés contrôleurs de la navigation aérienne.

En application du décret du 5 août 1972 modifiant la hiérarchie des cadres des catégories A et B de l'aéronautique civil, ils ont été, par arrêté du 13 mars 1973, reclassés en catégorie B I et nommés adjoints techniques principaux de l'aviation civile alors que leurs collègues, issus des écoles autres que celles de Tunis, étaient reclassés en catégorie A II et nommés techniciens de l'aviation civile ; ils soutiennent qu'ayant subi à Tunis

[130] Le requérant, sous-brigadier de police, avait été trouvé endormi lors d'une alerte générale, alors qu'il était en fonction à un poste de garde (C.S., Ch. Adm., 22 octobre 1971).

une scolarité normale et de même durée que celle donnée dans les autres écoles, ils sont victimes d'une discrimination.

La cour répondit en ces termes :

> « *Attendu qu'il résulte des pièces produites que les écoles de Niamey et de Tunis forment toutes deux des contrôleurs de navigation aérienne ou adjoints techniques, que le niveau d'entrée est le même, soit la classe de première, et que le temps de stage indiqué est de douze mois pour l'école de Tunis et de quatre trimestres pour l'école de Niamey ; que dans ces conditions toute discrimination fondée sur la durée du stage ne saurait être retenue et entache d'illégalité le décret du 5 août 1972 ; que par voie de conséquence l'arrêté d'application du 13 mars 1973 est illégal et doit être annulé ; attendu toutefois qu'il convient de souligner que la loi du 3 février 1962 portant statut général de la fonction publique réserve l'accès à la catégorie A aux titulaires d'un diplôme de licence ou de doctorat, l'accès à la catégorie B I étant ouvert aux titulaires du Baccalauréat complété par une spécialisation ou un stage de formation professionnelle au moins égal à un an ; que les classements ou reclassements ainsi faits en violation de ces règles qui traduisent le principe de l'égalité des citoyens devant la fonction publique ne peuvent constituer des droits acquis* »[131].

Dans le second arrêt, bien que le requérant n'ait pas eu la qualité de fonctionnaire, mais de collaborateur d'un service public (commissaire aux comptes agréé près la Cour d'appel), la Cour suprême a rappelé que toute décision d'éviction prise en considération de la personne

---

[131] C.S., Ch. Adm., 18 juin 1976, précité.

visée doit impérativement respecter les droits de la défense.

Rappelons aussi que dans l'espèce Kayouloud[132], le litige portait sur la légalité d'un acte de reclassement du requérant à la catégorie A du cadre des services administratifs et financiers. On peut enfin citer l'affaire Ilourou Philippe : il s'agissait d'un recours en annulation exercé par ce dernier contre un décret du 13 mars 1985 le radiant des effectifs de l'armée[133]. Ajoutons les affaires Mav… et Mak… dans lesquelles des enseignants de l'université Marien NGOUABI demandaient l'annulation des décisions implicites du recteur refusant de les nommer au grade de professeur[134] ; ou celles relatives à la reconstitution des carrières des anciens sous-officiers et officiers des forces armées congolaises radiés de la fonction publique pour*« intolérance politique ».*[135]

Paragraphe 2 : Un contentieux étranger aux administrés

La question de l'éloignement géographique des tribunaux est connue : certains justiciables sont à deux ou trois jours de marche de la juridiction la plus proche. Il s'agit de traiter d'un autre aspect de l'éloignement, qui est le fait que l'institution judiciaire reste étrangère à une large partie de la population. Cet éloignement peut être dit social ou culturel.

En effet, les administrés ont souvent le sentiment profond que la justice qui continue à leur être dispensée à la sortie des prétoires modernes consacre plus d'opposition qu'elle ne rapproche les parties, que les

---

[132] C.S., Ch. Adm., 20 mai 1977, KAYOULOUD.

[133] C.S., Ch. Adm., 17 juin 1988, *Revue congolaise de droit*, 1991, page 166.

[134] C.S., Ch. Adm., 22 décembre 2000.

[135] C.S., Ch. Adm., 09 septembre 1994, Nzobandoki.

blessures entrouvertes deviennent plus béantes à l'issue des jugements.

Le justiciable congolais manque de culture juridique suffisante. Comment pourrait-il facilement s'adresser à la justice quand, dans la plupart des cas, il n'en connaît aucune des règles ni aucun des mécanismes ? L'enseignement, même élémentaire, des institutions judiciaires est totalement absent des collèges et lycées ; le jeune Congolais qui termine ses études secondaires ne connaît de la justice que ce qu'il en a vu au cinéma, à la télévision ou lu (et dans quelles conditions ?) dans la presse[136].

Il n'y a ni la moindre notion du système des juridictions ni la connaissance nécessaire pour les saisir. Face à un monde froid et solennel dont il imagine mal les rites et qui suscite plus de crainte que de sympathie, l'éventuel plaideur se sent parfois saisi d'effroi. Ne sachant comment aborder un système dont il ne distingue ni les clés ni les usages, il renonce le plus souvent à réclamer son dû, craignant tout à la fois de se perdre dans les méandres d'un appareil qu'il ne maîtrise pas et de supporter finalement un dommage plus grand que celui primitivement subi. Dans le contentieux administratif, la prudence et la timidité se font encore plus fortes[137].

L'information du plaideur est fondamentale, pour dominer son appréhension et le familiariser avec une institution dont il faudrait tout de même lui apprendre que les jugements sont rendus en son nom. On peut donc souhaiter, dans les juridictions, l'ouverture des bureaux d'accueil, des permanences d'orientation, la création d'une sorte de « boutique de droit » par des associations, la publication des guides pratiques par le ministère de la Justice, l'enseignement du droit dans collèges et lycées,

---

[136] Moudoudou (P), op.cit., p. 100.
[137] Idem.

etc. Dans ce sens, la création de « la maison de la femme » par le ministère compétent avec l'aide du P.N.U.D. constitue un progrès.

CHAPITRE II : UNE APPRÉCIATION DISCUTABLE DE L'APPLICATION DU DROIT ADMINISTRATIF PAR LE JUGE CONGOLAIS

Au cours de l'évolution, on a constaté deux tendances parallèles et contradictoires en ce qui concerne le droit applicable à l'administration et le champ d'application du droit administratif. Il y a une tendance à la réduction du champ d'application du droit administratif dans le domaine économique et du fait du législateur et d'une tendance à l'élargissement de ce champ pour le juge. C'est le point qui est notre attention.

Le juge a éprouvé d'énormes difficultés dans la détermination du droit applicable à l'administration à deux niveaux différents. Dans un premier temps, *l'appréciation du cadre dans lequel s'exerce le contrôle de l'administration* (section 1). Dans un deuxième temps, *les difficultés du contrôle juridictionnel* (section 2).

Section 1 : Appréciation du cadre dans lequel s'exerce le contrôle de l'administration

Bien qu'agissant dans le cadre du recours contentieux, la Cour suprême, par sa chambre compétente en matière de contentieux de l'annulation, ne pourra consacrer le requérant dans un droit quelconque qu'il lui revendique dès lors que l'on ne se trouve pas dans la procédure de plein contentieux. Il ne s'agit pas non plus pour le juge de reconnaître l'existence d'un droit du demandeur à l'encontre de l'administration puisque l'instance n'est pas liée à la reconnaissance des prérogatives ou privilèges des particuliers.

Le juge de l'excès de pouvoir est lié par les conclusions et les moyens des parties sous la seule réserve de l'existence de moyen d'ordre public qu'il appartient au juge de soulever d'office.

C'est à cause de cette intervention que le juge rejette des conclusions tendant à l'annulation partielle d'un acte qui constitue un tout indivisible : la logique voudrait que l'acte soit annulé dans sa totalité.

L'appréciation du cadre conduit à identifier les problèmes que révèle la mise en œuvre du contrôle (paragraphe 1), à évaluer leurs conséquences (paragraphe 2).

Paragraphe 1 : Identification des problèmes

Les lacunes peuvent procéder soit de l'incohérence des textes, soit de l'écart entre les dispositions légales et la pratique judiciaire. Au niveau des textes, par exemple, les limites à l'action du juge peuvent être illustrées à travers trois exemples :

D'abord, l'article 1er de la loi n°19-99 du 15 août 1999 modifiant et complétant certaines dispositions de la loi n°022-92 du 20 août 1992, portant organisation du pouvoir judiciaire en République du Congo tout en réaffirmant le principe d'unité de juridictions, crée les tribunaux administratifs, tandis que l'article 83 prévoit qu'ils ont une compétence de droit commun, en premier ressort et en matière administrative.

En appel, la loi adopte une formation juridictionnelle comportant une ou plusieurs chambres administratives.

S'agissant de la Cour suprême, le contentieux administratif est dévolu à la chambre administrative.

On peut se demander si l'unité affirmée s'accommode de cette nouvelle structuration. De l'avis d'un juriste, en créant "contre toute attente", à la base, des tribunaux administratifs, la loi de 1992 a « quelque peu affecté le système d'unicité de juridictions ». Il s'agit, conclut-il, d'une brèche dans le système unitaire.

Ensuite, en adoptant le principe d'unicité de juridictions, le législateur a répudié la séparation des juridictions administratives et judiciaires. Il admet le principe de la nomination des juges pour le tribunal administratif et celui de la « distinction (...) pour le service des chambres » en appel et à la Cour suprême.

Cette démarche exclut implicitement « toute spécialisation permanente des magistrats particulièrement en matière administrative et consacre de juré la polyvalence »[138].

Or, selon CHABANOL, « le contrôle de l'administration est un métier spécialisé, qui exige une formation spécifique »[139].

En conséquence, absence de spécialisation et polyvalence dans l'affectation des magistrats sont deux lacunes essentielles à l'exercice du contrôle juridictionnel de l'administration.

Enfin, l'article 83 alinéa 1 dispose que l'annulation est de la compétence de la Cour suprême. Mais le législateur ne précise ni le contenu, ni la portée de la distinction entre le recours de plein contentieux. Pourtant, selon la doctrine, cette distinction n'est pas toujours évidente. La jurisprudence serait ainsi d'une certaine utilité pour en apporter la précision.

Or, de l'avis de J. M. BRETON, les sources prétoriennes du droit administratif congolais occupent une place réduite « car le juge s'est avéré trop mal armé, dans le domaine du droit public , pour prendre de manière originale, le relais de la démarche formelle »[140].

---

[138] BRETON (J. M.), « Le contentieux administratif et la réorganisation de la justice en République populaire du Congo », *R.J.P.I.C.*, T.37, n°4, 1983, p. 763.

[139] Chabanol (D), « Le juge administratif », Paris, *LGDJ*, 1993, p. 27.

[140] BRETON (J. M.), « Portée et limites de la réception des modèles exogènes : réflexion sur la « socialisation » du système juridique dans

En conséquence, des juges rodés au maniement des concepts du droit administratif seraient les mieux placés à régler le contentieux qui en découle.

Paragraphe 2 : Conséquences des problèmes

Le terme contentieux administratif désigne les litiges qui peuvent naître de l'activité des administrations publiques ainsi que les différents procédés qui permettent au juge de résoudre ces litiges.

Par son intervention, le juge impose à l'administration le respect des règles qui régissent l'exercice de l'action administrative, cherche à contenir les privilèges à l'intérieur des limites que leur assigne le droit et à permettre aux administrés de paralyser une activité administrative qu'ils estiment irrégulière.

Dans ce sens, le contentieux administratif, qui comprend les litiges entre l'administration et les administrés, se distingue fondamentalement du contentieux qui intéresse les particuliers entre eux.

Les lacunes relevées dans le régime du contrôle de l'action administrative par le juge limitent considérablement la portée de la différence entre les deux contentieux et, partant, la spécificité du contentieux administratif au Congo.

Section 2 : Difficultés du contrôle juridictionnel

Le contrôle juridictionnel a une fonction régulatrice et une fonction de garantie des droits des administrés face à la puissance publique. Il s'agit de vérifier la légalité de l'action administrative et aussi de statuer sur les droits subjectifs ; ce contrôle s'exerce dans un contexte particulier et dans le cadre d'une organisation

---

l'expérience marxiste congolaise (1963-1992) » in *La création du droit en Afrique*, Paris, Karthala, 1997. p. 267.

juridictionnelle spécifique. Il est naturel que les difficultés liées à ce contexte et à ce cadre surviennent.

Les problèmes que rencontre le contrôle juridictionnel s'expliquent largement par ces circonstances. Le juge éprouve de nombreuses difficultés aussi bien en ce qui concerne le contrôle de la légalité que le contrôle des activités de l'administration.

Paragraphe 1 : Difficultés du contrôle de la légalité des actes administratifs

Tous les auteurs qui se sont penchés sur la question sont d'accord sur un point : la faiblesse du contrôle, même si on note une évolution intéressante à partir des années 1980.

Pendant la première phase de l'évolution du droit administratif (1960-1980), la doctrine avait noté l'existence de difficultés du contrôle de l'administration et une faiblesse du contrôle aussi bien d'un point de vue quantitatif que d'un point de vue qualitatif. De ce point de vue, il y avait peu de décisions juridictionnelles et le contentieux existant était surtout un contentieux de la fonction publique.

Elle a estimé que le contrôle était plus ou moins acceptable en cas de compétence liée de l'administration et faible en cas de pouvoir discrétionnaire. Dans ce dernier cas, le juge exerçait un contrôle timide. Le contrôle des motifs et celui de la qualification juridique des faits étaient limités. On a noté une retenue dans le contrôle de la légalité et un respect absolu du pouvoir discrétionnaire.

Au cours de la deuxième phase, le contrôle s'est renforcé d'abord quantitativement. Il y eut plus de décisions rendues en dix ans que lors des vingt premières années. De 1962 à 1984, on a recensé seize (16) décisions. Ensuite, il y a eu un élargissement du domaine du contrôle.

En matière de recours pour excès de pouvoir, le contentieux n'est plus seulement un contentieux de la fonction publique. Il est rattrapé par le contentieux des autorisations administratives de licenciement[141]. Ensuite qualitativement dans la mesure où le juge a fait des progrès dans le contrôle de la motivation des actes administratifs et surtout en matière de contrôle des motifs où il exerce de plus en plus un contrôle normal.

Au fond, le juge a intensifié son contrôle notamment dans les cas où l'administration dispose d'un pouvoir discrétionnaire. Il contrôle de façon plus serrée les motifs de faits et la qualification juridique des faits et ébauche un contrôle de la gravité de la sanction par rapport à la faute. Ces progrès ont surtout eu lieu dans le contentieux des autorisations de licenciement[142].

Paragraphe 2 : **Difficultés du contrôle des droits**

Pour le plein contentieux, on a noté que le contrôle n'était pas à l'avantage du requérant. Par exemple, en matière de responsabilité extracontractuelle, le juge privilégie la recherche de la faute au détriment de la responsabilité sans faute. Entre 1960 et 1980, le contrôle était assez limité. C'est d'ailleurs à l'occasion du contrôle des droits que la doctrine a parlé de "difficile gestation du droit administratif congolais".

En effet, les décisions étaient peu satisfaisantes du fait de la consécration d'une conception étroite de la matière administrative et du fait d'une reprise maladroite et trop rigide de certains principes du droit français. Ce qui a

---

[141] MBACKE (M. M.), « Le contrôle juridictionnel de l'administration : le recours pour excès de pouvoir », *EJDA*, n°3-4, juillet-août 1987 ; DIANGE (M), *L'efficacité du contrôle contentieux de l'administration* », *Thèse*.

[142] D. SY, « Le contrôle de licenciement des salariés du secteur privé », inédit.

conduit à des erreurs regrettables. Elle a, dans le même temps, évoqué le risque de déclin du droit de la responsabilité et celui des contrats qui manquent d'originalité par rapport au droit français et qui sont influencés par le droit privé.

Elle a également relevé des contrariétés de jurisprudence en ce qui concerne le droit applicable. On est en droit de se demander si le droit administratif n'est pas un droit adapté aux circonstances locales. Le juge a étendu le champ de son contrôle à la responsabilité du fait des forces de police, du service public de la justice, en cas d'attroupement et d'émeutes, du fait des lois, du fait des décisions de justice, etc.

Il s'est montré audacieux quelquefois notamment en retenant une responsabilité sans faute fondée avec le risque de détention préventive non justifiée. De même, le juge contrôle les éléments de la procédure spéciale et affirme le caractère d'ordre public de la procédure après avoir longtemps hésité. Mais du fait de la complexité de la procédure, il y eut de nombreuses décisions d'irrecevabilité entraînant du coup d'une part des interrogations sans réponses pour le requérant et un sentiment d'insatisfaction et d'autre part entravant le développement du droit administratif.

En réalité, on peut dire que l'unité de juridictions et le choix en faveur de la conception matérielle de la matière administrative ont constitué des obstacles à un contrôle efficient même si l'unité de juridictions n'est pas en soi un obstacle rédhibitoire.

CONCLUSION

Sans prétendre esquisser le bilan de l'activité juridictionnelle de la Cour suprême dans le domaine du recours pour excès de pouvoir, on peut aisément relever le nombre non négligeable croissant d'arrêts d'annulation des décisions administratives attaquées[143].

Les demandeurs au recours pour excès de pouvoir obtiennent, en effet, dans la majorité des procédures ayant donné lieu à leur examen, au fond, l'aboutissement de leurs recours fondés sur la contestation de la légalité aussi bien interne qu'externe de l'acte administratif ayant donné lieu à l'instance.

Les nombreux cas où ils perdent leurs procès concernent les situations dans lesquelles la chambre compétente de la plus haute juridiction nationale, examinant les moyens basés sur la violation de la légalité externe de la décision administrative attaquée, constate l'irrecevabilité des recours :

- Soit pour non-respect de la disposition de l'article 2 de la loi N°51/83 du 21 avril 1983 portant code de procédure civile, commerciale, administrative et financière relative à l'obligation de constituer avocat devant la Cour suprême ;
- Soit pour non-observation de l'article 106 de la loi susmentionnée concernant les prescriptions sur les mentions que le demandeur au recours pour excès de pouvoir doit faire figurer dans sa requête, essentiellement les noms, prénoms et domiciles des parties, l'exposé sommaire des faits et des moyens d'annulation invoqués, l'expédition de la décision administrative ayant fait l'objet du recours.

[143] ILOKI (A),op. cit, p. 113.

Il ne faut pas que soit éludé le fait que l'État congolais, défendeur naturel dans les instances de recours pour excès de pouvoir, doit veiller à organiser avec célérité, dans le délai de deux mois à lui imparti par le juge rapporteur, sa défense, car il doit disposer d'éléments justificatifs de la légalité contestée des décisions administratives.

L'administration ne semble pas tirer suffisamment profit de la compréhension des juges qui lui expriment leur magnanimité relativement au dépôt des mémoires dont la présentation a lieu quelquefois hors délai ou n'intervient pas du tout dans certains cas rares. Il est évident que l'absence de contradiction imputable à l'administration lui est totalement préjudiciable.

On peut d'ailleurs se demander à cet égard si cette défaillance, au cas où elle se révélait, ne laisserait-elle pas suspecter l'aveu d'illégalité de la décision de l'autorité administrative qui s'abstiendrait alors d'exposer publiquement les raisons de son excès de pouvoir allégué par le requérant.

Rien ne peut combler cette défaillance, puisqu'il ne semble pas que, en ce qui concerne le contentieux de l'annulation, l'on puisse faire application de la disposition de l'article 99 de la loi n°51/83 du 21 avril 1983, portant code de procédure civile, commerciale, administrative et financière autorisant la Cour suprême à relever d'office les moyens exigés par la loi pour justifier le pourvoi dans le cadre du contentieux autre qu'administratif (violation des formes substantielles de la procédure, défaut, insuffisance ou contrariété de motifs ; violation de la loi ou de la coutume applicable au litige ; contrariété entre deux décisions définitives).

Il s'agit à l'évidence de la situation qui régit le pourvoi en cassation ouvert contre toute décision juridictionnelle rendue en dernier ressort, laquelle intéresse essentiellement le contentieux administratif sous son angle de recours de pleine juridiction.

Il apparaît, ainsi que l'a constaté courageusement le Conseil des ministres le 19 septembre 2001, « *...que l'administration congolaise, dans son état actuel, n'est plus apte à conduire le pays vers un développement réel. L'obsolescence de ses méthodes de gestion, la caducité et l'inadaptation des textes au contexte actuel, la confusion des rôles, l'immoralité, la sclérose et l'irresponsabilité de certains cadres, le gangstérisme administratif, la fraude et la corruption, le laxisme, le clientélisme politique, l'absence d'une culture d'État, sont, entre autres, autant de maux qui minent l'appareil administratif de l'État congolais* »[144].

Pour parvenir à l'assainissement de l'administration, les autorités qui ont la charge d'en rechercher l'efficacité doivent se montrer humbles et modestes à la fois à l'égard des arrêts rendus par la chambre compétente de la Cour suprême, notamment ceux ayant trait à l'annulation des décisions administratives diverses, en s'y soumettant, et en évitant toute personnalisation des actes de justice par leur imputation à des auteurs individualisés ayant simplement contribué à rendre la justice dans le respect des règles de la collégialité.

La motivation de ces arrêts, dont le but pédagogique doit primer sur d'autres considérations considérables, devra servir de source d'inspiration pour guider l'activité future des autorités administratives. Celles-ci ne devraient en aucun cas s'en offusquer dès lors que l'objectif visé est de perfectionner l'administration pour la satisfaction au mieux de l'intérêt général. L'avenir de l'État de droit au Congo en dépend, dans le contexte où la proéminence de la réforme de l'État est mise en évidence.

---

[144] Cf. compte rendu du Conseil des ministres du 19 septembre 2001, inédit.

La fonction de contrôle juridictionnel de l'administration a pour but de vérifier la légalité de l'action administrative, de statuer sur les droits qui peuvent être opposés à l'administration, c'est-à-dire d'encadrer l'action administrative aux fins de la moraliser et de la rendre conforme au droit. Il s'agit, en définitive, pour le juge, de concourir au bon fonctionnement de l'administration.

Depuis l'indépendance, sur le plan formel, différentes réformes ont été initiées pour réaliser cet objectif. De même, la recherche de l'efficacité du contrôle a conduit le législateur :

- À unifier la justice par l'instauration d'un ordre juridictionnel unique placé sous l'autorité de la Cour suprême, sans qu'il soit besoin de rechercher un ordre administratif ou un ordre judiciaire ;
- La création, à partir de 1992 d'un tribunal administratif et des chambres administratives dans les cours d'appel, poursuivait un but tout à fait fonctionnel et sans contradiction avec l'unité juridictionnelle édictée par la loi de 1992.

Or, l'exploitation des textes, l'examen du cadre juridique et la pratique judiciaire révèlent que ces réformes, en raison des imperfections qu'elles contiennent, ne facilitent pas l'exercice du contrôle juridictionnel de l'administration. Par ailleurs, le recours aux techniques élaborées par son homologue français n'a pas permis de corriger ces lacunes et faire de telle sorte qu'il soit mieux armé à l'exercice d'un contrôle efficace de l'action administrative.

L'apport de la jurisprudence est, de ce fait, très limité. Il y a quelques années, J. M. BRETON faisait le constat suivant : « parmi les dix-sept (17) décisions rendues entre 1962 et 1988 par la chambre administrative de la Cour suprême, deux seulement peuvent être considérées comme des arrêts de principe. Encore ne font-ils que consacrer des solutions reflétant un état du droit français (...). Les sources prétoriennes du droit administratif congolais ont (...) occupé une place réduite ».[145]

Il explique cette lacune par le fait que le juge est trop mal armé pour prendre, de manière originale, le relais de la démarche formelle.

En dépit de ces difficultés, le juge, avec courage et détermination, exerce son office. Mais, cela suffit-il à satisfaire les attentes des requérants ?

Le contrôle juridictionnel des actes administratifs appelle des moyens, fait recours à des techniques d'investigation, nécessite des pouvoirs permettant au juge d'exiger de l'administration la production de certains dossiers et, le cas échéant, d'imposer la force du droit, bref, un ensemble de moyens pouvant favoriser un exercice efficace du contrôle de l'action administrative.

Le recours au modèle français et, notamment, l'utilisation des instruments élaborés pour renforcer les pouvoirs du juge à l'égard de l'administration, qui auraient pu lui conférer les armes nécessaires à l'exercice d'un contrôle efficace et permettre la création d'un droit national, n'ont pas comblé les attentes des requérants. Il est utile de recommander l'affectation du personnel, l'installation des organes prévus par la loi et la dotation en moyens nécessaires et suffisants pour permettre l'exercice du contrôle juridictionnel des actes édictés par les autorités administratives. Cette installation doit se faire suivant l'architecture organique prévue par la loi[146] de 1992

---

[145] BRETON (J. M.), « Portée et limites de la réception des modèles exogènes : réflexions sur la « socialisation » du système juridique dans l'expérience marxiste congolaise (1963-1991) », in *La création du droit en Afrique*, Paris, Karthala, 1997,p. 267.

[146] -Loi de 1992, modifiée et complétée par la loi de 1999, précitée.

modifiée et complétée par la loi de 1999. Or, ce texte institue un tribunal administratif distinct du tribunal de grande instance qui suscite, auprès des partisans de la remise en cause du principe d'unité de juridictions, l'espoir de voir le législateur « aller au bout de sa logique », en créant un conseil d'État indépendant de la Cour suprême et instituer ainsi un modèle proche des systèmes sénégalais et français de dualité de juridictions. Mais, ce modèle serait-il la panacée ?

Par ailleurs, peut-on dire que le tribunal de grande instance, statuant en matière administrative, est moins efficace dans le contrôle de l'action administrative qu'un tribunal administratif organisé et fonctionnant dans le système actuel, d'unité de juridictions, où les appels doivent être portés devant la même Cour suprême ?

Il faut commencer par relever que le contrôle juridictionnel de l'administration en France, exercé dans un système dualiste, avec des magistrats au profil et à la technicité adaptés aux missions, révèle l'existence des imperfections qui conduisent à l'émergence d'une opinion favorable à l'adoption, dans ce pays, du système d'unité de juridictions. Les imperfections relevées concernent, par exemple, la difficulté de tracer une frontière entre le contentieux administratif et le contentieux judiciaire. Le recours fréquent à l'utilisation des procédés de gestion privée, dans la mise en œuvre de l'action administrative, n'est pas de nature à clarifier la dévolution des compétences entre les deux ordres de juridictions. Ces difficultés qui apparaissent dans un pays qui a expérimenté, pendant près de deux siècles, le système de dualité de juridictions et qui accorde beaucoup d'intérêt tant à la formation qu'à la spécialisation du personnel chargé de régler le contentieux administratif peuvent surprendre tout observateur.

Le moyen, pour y parvenir, est la formation et le perfectionnement des magistrats. Seuls un profil conforme à la mission et des pouvoirs d'investigation conséquents, assortis des sanctions peuvent permettre, au juge, d'exercer un contrôle efficace de l'action et de la moralité administratives.

Tel est le prix d'un exercice efficace du contrôle juridictionnel des actes administratifs et de la satisfaction, par le juge, des attentes des administrés face aux violations possibles de leurs droits par les collectivités publiques. Ce n'est qu'en agissant ainsi que le juge peut rétablir des relations de confiance entre l'administration et ses administrés.

BIBLIOGRAPHIE

I- Doctrine

A- Traités, ouvrages généraux et ouvrages spécifiques

a) Traités et ouvrages généraux

- AUBY (J.M.) et DRAGO (R.), *Droit administratif*, Tome II, N°497-1129, L.G.D.J., 1962, p. 425 ;
- AUBY (J-M) et DRAGO, *Traité des recours en matière administrative*, Paris, Litec, 1992 ;
- AUBY (J-M) et DRAGO, *Traité de contentieux administratif*, Vol. 2, Paris, LGDJ, 3ème édition, 1984 ;
- BENOIT (F.P), *Le droit administratif Français*, Paris, Dalloz 1968, p. 76 ;
- BRETON (J.M), *Droit public congolais*, Paris, Economica 1987, p. 504 ;
- CHAPUS (R.), *Droit administratif général*, Tome 1, 15ème édition, Montchrestien, août 2001 ;
- DEBBASCH (C.), *Droit administratif*, 6ème édition, Economica, 2002, pages 713-718 ;
- DUPUIS (G.), GUEDIN (M.J), PATRICE (C.), *Droit administratif*, 6ème édition, Armand Colin, 1998, page 35-39 ;
- HAURIOU (M), *Précis de droit administratif*, 12e édition, 1993 ;
- LEBRETON (G), *Droit administratif général*, 6eédition 2011, Dalloz, pp. 464-495 ;
- MARCEAU (L), Weil (P), BRAIBANT (G), DELVOLVÉ (P), GENEVOIS (B), *Les grands arrêts de la jurisprudence administrative*, 18ème édition, Dalloz, p. 1009 ;
- MOUDOUDOU (P), *Droit administratif congolais*, Éditions L'Harmattan, 2003, p.p. 84-101.

- PEISER (G.), *Droit administratif, Actes administratifs, organisation administrative, police, service public, responsabilité administrative, contentieux administratif,* 19ème, Dalloz, 1998, pages 168-174 ;
- VLACHOS (G), *Droit administratif cours, arrêt : commentaire de lois, table de jurisprudence,* 1ère édition, 2000 ;
- WACHSMANN (P), *Les droits de l'homme,* Paris, Dalloz 2002, 4e édition, p. 21

b) <u>Ouvrages spécifiques</u> :

- DAEL (S), *Contentieux administratif,* 1ère édition, 2006 ;
- DUGUIT (L), *L'État, le droit objectif et la loi positive*, 1901, page 581 ;
- GOHIN (O), *Contentieux administratif,* 5e édition, Litec ;
- ILOKI (A), *Le recours pour excès de pouvoir au Congo*, l'Harmattan, 1ère édition 2002, p. 128 ;
- ISAAC (G), *La procédure administrative non contentieuse*, Paris, L.G.D.J, 1968, P.671 ;
- JACQUELIN, *Les principes dominants du contentieux administratif,* 1899, page 227 ;
- LHAKHY-TSAMBY (L), *La constitution congolaise du 25 octobre 2015 interprétée article par article*, L'Harmattan, 2017, 194 p.
- LEMASURIER (T), *« Vers une démocratie administrative : du refus d'informer au droit d'être informé », RDP*, 1980, p. 1239 ;
- MARKHUS (J.P) et MOUDOUDOU (P.), *Droit des institutions administratives congolaises*, L'Harmattan, 2005, p. 254 ;

B- **Articles :**

- JEANNEAU, « Les principes généraux du droit dans la jurisprudence administrative », 1954, p 69.
- MOUDOUDOU (P), *Les tendances du droit administratif dans les États d'Afrique noire francophone*, Annales de l'université Marien NGOUABI, sciences juridiques et politiques, vol 10-N°3 – Année 2009, pp. 31-32 ;
- SY (P-M), « Quelques remarques sur l'institution du recours pour excès de pouvoir au Sénégal depuis la création du Conseil d'État », *Revue de droit sénégalais*, 2002, N°1 pp. 35-47 ;
- TRUCHET (D), « Tout dommage oblige la personne publique à laquelle il est imputable à le réparer », in « À propos, et autour de la responsabilité hospitalière », *Revue de droit sanitaire et social*, janvier-mars 1993. p. 1.

C- **Revues**

- ATANGANA (A), *A la recherche d'un cadre juridique approprié pour une meilleure protection des droits des administrés au Cameroun*, Pénant 1995, p. 133 ;
- BOUMAKANI (B), « Revue dc Droit public » *L.G.D.J.* n° 3 ;
- DENOIX DE Saint Marc (R), « Le silence de l'administration », in *Droit et attente des citoyens (IFSA)*, Doc.Free, 1998, P.123 ;
- MBACKE (M.M), « Le contrôle juridictionnel de l'administration : le recours pour excès de pouvoir », *E.D.JA* n°3-4, juillet - août 1987 ;
- WIENER (C), *L'usager a-t-il la parole* ? E.D.C.E. 1991, p. 234 ;

D-Thèses :

- DIANGE (M) : *L'effectivité du contrôle contentieux de l'administration,* Thèse ;
- De LACHARNIERE, « Le contrôle hiérarchique de l'administration dans sa forme juridictionnelle », *Thèse*, Paris, 1937 ;
- GENY (B) : *La collaboration des particuliers avec l'administration*, thèse, Nancy, 1930 ;
- WEIL (P), *Les conséquences de l'annulation d'un acte administratif pour excès de pouvoir*, Paris, 1952 ;
- WELTER, *Le contrôle juridictionnel de la moralité administrative*, Thèse de doctorat, Nancy, 1929.

II- Textes juridiques :

A- Textes constitutionnels :

- Constitution congolaise du 25 octobre 2015 ;

B- Textes législatifs :

- Loi n°31/59 du 30 juin 1959 relative au contentieux administratif ;
- Loi n°6-61 du 11 janvier 1961 relative à l'organisation judiciaire ;
- Loi n°4-62 du 20 janvier 1962 portant création de la Cour suprême ;
- Loi n°6 6-62 du 20 janvier 1962 relative à la compétence de la cour d'appel et des tribunaux de grande instance et à la procédure suivie devant ces juridictions en matière administrative ;
- Loi française du 11 juillet 1979, modifiée relative à la motivation des actes administratifs et à l'amélioration des relations entre l'administration et le public ;

- Loi n°53-83 du 21 avril 1983 portant réorganisation de la justice en République populaire du Congo ;
- Loi n°001/84 du 20 janvier 1984 portant réorganisation de l'assistance judiciaire ;
- Loi n°022/92 du 20 août 1992 portant organisation du pouvoir judiciaire ;
- Loi n°17/99 du 15 avril 1999 modifiant et complétant certaines dispositions de la loi n°025/92 du 20 août 1992 et de la loi n°30/94 du 18 octobre 1994, portant organisation et fonctionnement de la Cour suprême ;
- Loi n°19/99 du 15 août 1999 modifiant et complétant certaines dispositions de la loi n°022-92 du 20 août 1992, portant organisation du pouvoir judiciaire ;
- Loi du 12 avril 2000 relative aux droits des citoyens dans leurs relations avec les administrations ;
- Loi n°5-2007 du 25 mai 2007 modifiant et complétant certaines dispositions de la loi n°9-2001 du 10 décembre 2001, portant loi électorale.

C- **<u>Textes réglementaires :</u>**
- Décret du 10 novembre 1903 relatif à la création des justices française et indigène ;
- Décret du 22 mars 1924 relatif à l'organisation des justices française et indigène ;
- Décret du 29 avril 1927 et du 29 mai 1936 modifiant ceux du 10 novembre 1903 et du 22 mars 1924 ;
- Décret n°2018-102 du 14 mars 2018 portant nomination des magistrats à la Cour suprême ;

- Décret n°2018-104 du 14 mars 2018 portant nomination des magistrats dans les tribunaux de grande instance ;
- Décret n°2018-106 du 14 mars 2018 portant nomination des magistrats dans les tribunaux administratifs, de commerce et du travail.

III- **Jurisprudences**

- Tribunal des conflits, 8 février 1873, Blanco ;
- Conseil d'État, 26 novembre 1878, Paris ;
- Conseil d'État, 29 mars 1901, CASANOVA ;
- Conseil d'État, 7 février 1947, d'aillières ;
- Conseil d'État section, 7 janvier 1949, Adam ;
- Conseil d'État-section, 21 janvier 1951, union commerciale de Bordeaux-Bassens ;
- Conseil d'État, 13 janvier 1954, MageVand ;
- Cour suprême du Sénégal, 1er juin 1988, Souhel FILFILI ;
- Cour suprême, chambre adm., 4 septembre 1992, N…et autres contre E…, N°017/GCS, inédit
- C.S, Chb-adm., 11 mars 1994, C…C/U…, N°03 ;
- C-S, chb-adm, 2 juin 1997, la V…C/ La V…, N°01/97 ;
- C-S, chb-adm, 15 octobre 2000, E…C/B…N°017/GCS-2000 ;
- C-S, chb-adm, 10 février 2000, N…, B… M…et B… C/E…, N°002
- Cour suprême, chambre administrative, 28 décembre 2000, K…C/E arrêt N°25/GCS-2000 ;
- Cour suprême, chambre administrative, 12 mai 2000, Saris-Congo ;
- Cour suprême, chambre administrative, 10 août 2001, O…C/B…, N°012/GCS-2001 ;
- Cour suprême, chambre administrative, 19 juillet 2002, T…C/H…, N°005/GCS-2002 ;

- Conseil d'Etat Assemblée, 11 mai 2004, Association ACL et autres ;
- Cour constitutionnelle, 28 avril 2009, relative à la régularité de l'élection du président de la République.

IV- Colloques :

- ILOKI (A), *La place du droit et de la justice dans l'administration, journée de réflexion sur la réforme de l'administration publique*, Brazzaville 2000 ;
- ILOKI (A), *La justice administrative en république du Congo, « Journée du Barreau »*, Brazzaville, du 18 au 19 janvier 2000.
- LOCKO (I.), « L'organisation actuelle du contentieux administratif du Congo, communication au séminaire sur le contentieux administratif, Maroc, 1996.

V- Cours

- BONDONGO, *Cours du droit administratif général*, 2ème année, Faculté de droit, année académique 2003-2004 ;
- BOUMAKANI (B), *Cours du contentieux administratif*, Master I, Faculté de Droit année académique 2008-2009 ;
- BOUMAKANI (B), *Cours des libertés publiques*, licence II, Faculté de Droit de Brazzaville, année académique 2005 ;
- LOCKO (I) *Cours du contentieux administratif*, première année, ENAM, Filières magistrature-Barreau, 2011-2012 ;

- OLAMBA (G), *Cours de droit administratif général*, 2ème année, Faculté de droit, année académique 2011-2012 ;
- ZEKAKANY (C), *Cours de l'organisation judiciaire*, Première année, ENAM, Filières magistrature-Barreau, 2011-2012.

TABLE DES MATIÈRES

CONGO-BRAZZAVILLE
AUX ÉDITIONS L'HARMATTAN

Dernières parutions

ET SI LE KIEBE-KIEBE VOUS ÉTAIT CONTÉ ?
Tradition initiatique du Congo-Brazzaville
Daniel Isaac Itoua
Préface de Camille Bongou - Postface d'Emmanuel Okamba
Le Kiebe-Kiebe, société traditionnelle et initiatique des populations septentrionales du Congo, perd progressivement la richesse de son enseignement pour devenir une simple association folklorique. Ce livre est le fruit des observations et des entretiens de l'auteur avec les grands initiés de cette société. Il jette la lumière sur ce monde fermé au coeur de la République du Congo, en relevant les similitudes entre sa doctrine, sa pratique et les symboles pharaoniques de l'Égypte antique, avant de lancer un appel sur fond d'inquiétude à propos de l'avenir du Kiebe-Kiebe en particulier et de celui de la culture congolaise en général.
(Coll. Pensée Africaine, 186 p., 20 euros)
ISBN : 978-2-343-13882-4, EAN EBOOK : 9782140099885

LUMIÈRE SUR BRAZZAVILLE
Voyage au coeur d'une thanatocratie
Hervé Zebrowski
En enterrant vivant le Cardinal Emile Biayenda nommé par Paul VI, Denis Sassou Nguesso, alors Chef des armées et de la police, déclarait la guerre au Vatican en mars 1977. Au Congo-Brazzaville, pays peuplé de 4 millions d'âmes, immensément riche, le thanatocrate s'est accaparé la totalité de cette richesse en terrorisant son peuple et en le réduisant à la misère et au désespoir.
(174 p., 18 euros)
ISBN : 978-2-343-15060-4, EAN EBOOK : 9782140099205

SAUVAGE TOI-MÊME ?
Roman
Bernard N'Kaloulou
Ce roman réaliste au titre évocateur et aux parfums de provocation nous plonge dans une Afrique centrale méconnue du grand public : celle d'une cohabitation et d'une relation compliquées entre autochtones (Pygmées) et allogènes (Bantous). L'intrigue est tenue par un jeune pasteur bantou et un jeune Pygmée ayant le rôle de Chef-éléphant, dont les destins longtemps parallèles finissent par se croiser. Dès lors, nos deux protagonistes nous entraînent au coeur de leurs communautés respectives pour un voyage dont personne ne ressortira indemne.
(Coll. Écrire l'Afrique, 184 p., 18 euros)
ISBN : 978-2-343-15045-1, EAN EBOOK : 9782140100222

CONGO
Toujours les mêmes
Jean Clair Matondo
L'auteur dénonce dans cet ouvrage le pouvoir de Denis Sassou-Nguesso, au pouvoir depuis le 5 février 1979, à l'exception d'un bref interlude de 5 ans. Dictature, corruption, népotisme caractérisent ce régime, tandis que la crise s'aggrave, que l'ombre de la guerre civile approche et que les besoins de la population augmentent.
(Coll. Points de vue, 138 p., 15,5 euros)
ISBN : 978-2-343-15120-5, EAN EBOOK : 9782140098697

LA POUBELLE ET L'ORDURE
Le destin de Bomoto
Roman
Parisse Akouango
Bomoto est un jeune Noir africain inconscient, obéissant, disponible et prêt à servir malgré les séquestrations, les inégalités et les exclusions qu'il a connues dès son plus jeune âge. Ayant grandi dans le respect et la considération de la différence, il sait que la facilité ne paye jamais et que toute réussite est le fruit d'un effort moral, physique et intellectuel. C'est le chemin de sa vie que ce roman relate, un parcours sans aucune lueur d'espoir mais un parcours de courage et de résistance, bref, un parcours qui ne mène nulle part ailleurs que vers l'échec... l'extraordinaire destin de la poubelle et de l'ordure.
(74 p., 10,5 euros)
ISBN : 978-2-343-14318-7, EAN EBOOK : 9782140099762

BOMB "N": RESSOURCES, MYSTERIES AND OPPORTUNITIES OF THE CONGO BASIN
Advocacy of Denis Sassou N'Guesso for the protection of the planet
The green vision reviewed and deepened
Michel Innocent Peya
this book is devoted to the Congo basin, the second largest reserve in the world: its natural ressources, its mysteries, legal and institutional framworks, national, subregional and international levels that protect it. The basin of Congo is an African opportunity for the whole world. its preservation and its protection over time are an action of conscience, will, commitment, determination ans sacrifies for the benefit of humanity.
(268 p., 28 euros)
ISBN : 978-2-343-15595-1, EAN EBOOK : 9782140098154

PROBLÈMES LANGAGIERS ET APPRENTISSAGE DU PHILOSOPHER
Cas de l'apprenant en République du Congo
Fayol Meny Inkou Ingoulangou
Préface de Marcel Nguimbi
La didactique de philosophie, comparativement aux didactiques des autres disciplines, ne doit pas être un ensemble tout fait de méthodes d'enseignement de la philosophie.

Au contraire, elle se doit d'être une interrogation permanente sur deux aspects : comment enseigner la philosophie et quelles sont les difficultés rencontrées lors de l'enseignement de la philosophie ? En d'autres termes, la didactique de philosophie se veut interrogative aussi bien sur les méthodes d'enseignement de la science philosophique et les problèmes relatifs.

(Coll. Études africaines, 260 p., 27 euros)

ISBN : 978-2-343-15133-5, EAN EBOOK : 9782140098062

INITIATION À LA RECHERCHE EN SCIENCES ÉCONOMIQUES

Guide de travail des masters et doctorats

Mathias Marie Adrien Ndinga

Préface Moustapha Kasse

Cet ouvrage, qui n'a pas la prétention de proposer une panacée, est un outil pour gouverner les premiers pas des étudiants chercheurs dans l'univers de la méthodologie de recherche. Les étudiants en sciences économiques trouveront en cet ouvrage un outil d'accompagnement dans la rédaction de leur mémoire de master ou leur thèse de doctorat.

(128 p., 14,5 euros)

ISBN : 978-2-343-14290-6, EAN EBOOK : 9782140096860

LE DROIT MARITIME DANS LA ZONE CEMAC

Eric Dibas-Franck

Volontairement limité au Droit maritime dans la communauté économique et monétaire de l'Afrique centrale (CEMAC), cet ouvrage a pour ambition de faire le point sur la construction du droit maritime dans cette zone en scrutant le Code communautaire de la marine marchande. Les grands problèmes contemporains du Droit maritime comparé ou international y trouvent des réponses précises. Le livre est également enrichi d'une jurisprudence inédite.

(Coll. Affaires maritimes et Transports, 258 p., 26 euros)

ISBN : 978-2-343-14948-6, EAN EBOOK : 9782140096082

PATRIMOINE ET TOURISME AU CONGO

Pour une valorisation et une gestion efficaces

Ulrich Kévin Kianguebeni

Le patrimoine culturel congolais nécessite une valorisation et une gestion efficace pour qu'il fasse l'objet d'un tourisme durable. Cet ouvrage a pour objectif de faire des propositions réalistes. Si les faiblesses dans la valorisation du patrimoine sont nombreuses (manque de qualification du personnel, insuffisance de moyens financiers, absence de volonté politique), il s'agit de proposer l'application de mesures contraignantes et de mesures incitatives complémentaires.

(Coll. Études africaines, 260 p., 27 euros)

ISBN : 978-2-343-15280-6, EAN EBOOK : 9782140095566

L'ÉVOLUTION DES DROITS DE LA FEMME CONGOLAISE

Odilon Obami

Aux termes de l'article 798 alinéa 2 du Code congolais de la famille, "(la femme) ne peut pas être considérée comme un bien faisant partie du patrimoine du de cujus". Cet énoncé conforte le droit au respect de la dignité de la femme au Congo. Cet essai s'appuie sur un bilan de l'évolution des droits acquis de la femme congolaise, et propose des pistes sur de nouveaux droits à conquérir accompagnés d'un changement des mentalités.

(Coll. Études africaines, 132 p., 14,5 euros)

ISBN : 978-2-343-15039-0, EAN EBOOK : 9782140097362

LES PRÉDATEURS

Nouvelles

Winner Dimixson Perfection

Préface d'Israël Gomez Dimixson et Postface de Lovane Lhakhy-Tsamby

Ce recueil de nouvelles, à l'instar d'une étude sociologique, aborde le problème épineux de la prédation en République du Congo, évoquant le harcèlement sexuel, la discrimination des minorités, le kidnapping de nouveau-nés à la maternité, l'outrage et la maltraitance des malades d'Alzheimer.

(136 p., 14,5 euros)

ISBN : 978-2-343-14544-0, EAN EBOOK : 9782140095610

LE CODE ÉTHIQUE DU KÉBÉ-KÉBÉ DU CONGO

Description, expressions et herméneutique

Emmanuel Okamba

Sous la direction scientifique de

Le code éthique du Kébé-kébé est une déclaration officielle des valeurs et pratiques morales que les membres de cette société initiatique des hommes du nord du Congo appliquent à leur conduite individuelle, familiale, collective et institutionnelle en société. Il structure les comportements humains, ce code éthique est la base de l'éducation traditionnelle des Mbosi, Téké-Alima et Koyo du Congo.

(Coll. Pensée Africaine, 192 p., 21 euros)

ISBN : 978-2-343-15014-7, EAN EBOOK : 9782140095092

MES MÉMOIRES

Le parvis de ma vie

Norbert Dabira

Norbert Dabira, après le livre Brazzaville à feu et à sang, revient avec un nouvel ouvrage dans lequel il évoque ses mémoires. Son parcours, tant militaire que politique, s'intègre dans l'histoire politique contemporaine de son pays.

(420 p., 35 euros)

ISBN : 978-2-343-14867-0, EAN EBOOK : 9782140092824

Structures éditoriales du groupe L'Harmattan

L'Harmattan Italie
Via degli Artisti, 15
10124 Torino
harmattan.italia@gmail.com

L'Harmattan Hongrie
Kossuth l. u. 14-16.
1053 Budapest
harmattan@harmattan.hu

L'Harmattan Sénégal
10 VDN en face Mermoz
BP 45034 Dakar-Fann
senharmattan@gmail.com

L'Harmattan Cameroun
TSINGA/FECAFOOT
BP 11486 Yaoundé
inkoukam@gmail.com

L'Harmattan Burkina Faso
Achille Somé – tengnule@hotmail.fr

L'Harmattan Guinée
Almamya, rue KA 028 OKB Agency
BP 3470 Conakry
harmattanguinee@yahoo.fr

L'Harmattan RDC
185, avenue Nyangwe
Commune de Lingwala – Kinshasa
matangilamusadila@yahoo.fr

L'Harmattan Congo
67, boulevard Denis-Sassou-N'Guesso
BP 2874 Brazzaville
harmattan.congo@yahoo.fr

L'Harmattan Mali
Sirakoro-Meguetana V31
Bamako
syllaka@yahoo.fr

L'Harmattan Togo
Djidjole – Lomé
Maison Amela
face EPP BATOME
ddamela@aol.com

L'Harmattan Côte d'Ivoire
Résidence Karl – Cité des Arts
Abidjan-Cocody
03 BP 1588 Abidjan
espace_harmattan.ci@hotmail.fr

L'Harmattan Algérie
22, rue Moulay-Mohamed
31000 Oran
info2@harmattan-algerie.com

L'Harmattan Maroc
5, rue Ferrane-Kouicha, Talaâ-Elkbira
Chrableyine, Fès-Médine
30000 Fès
harmattan.maroc@gmail.com

Nos librairies en France

Librairie internationale
16, rue des Écoles – 75005 Paris
librairie.internationale@harmattan.fr
01 40 46 79 11
www.librairieharmattan.com

Librairie l'Espace Harmattan
21 bis, rue des Écoles – 75005 Paris
librairie.espace@harmattan.fr
01 43 29 49 42

Lib. sciences humaines & histoire
21, rue des Écoles – 75005 Paris
librairie.sh@harmattan.fr
01 46 34 13 71
www.librairieharmattansh.com

Lib. Méditerranée & Moyen-Orient
7, rue des Carmes – 75005 Paris
librairie.mediterranee@harmattan.fr
01 43 29 71 15

Librairie Le Lucernaire
53, rue Notre-Dame-des-Champs – 75006 Paris
librairie@lucernaire.fr
01 42 22 67 13

www.ingramcontent.com/pod-product-compliance
Lightning Source LLC
LaVergne TN
LVHW051402061026
849535LV00009B/3319

* 9 7 8 2 3 4 3 1 5 4 3 0 5 *